ちくま文庫

青春ドラマ夢伝説

「俺たちシリーズ」などとTVドラマの黄金時代

岡田晋吉

筑摩書房

「俺たちの旅」場面写真（1973 年）

「青春とはなんだ」ポスター（1965 年）

「これが青春だ」ポスター（1966 年）

「進め！青春」ポスター（1968 年）

「おれは男だ！」ポスター（1971 年）

「われら青春！」ポスター（1974年）

「太陽にほえろ！」ポスター（1972年）

さわやかで
ゆかいな
五人組がつづる
青春の軌跡
好評「俺たちの旅」にひきつづき
日曜（ヨル）8時
俺たちの朝
（出演）
勝野洋
秋野太作
小倉一郎
長谷直美
森川正太
岡田奈々
井上純一
原田美枝子
日色ともゑ
上村香子
穂積隆信
名古屋章
北村和夫
加藤治子
4
日本テレビ

「俺たちシリーズ」ポスター（左上1975年、右上1977年、下1976年）

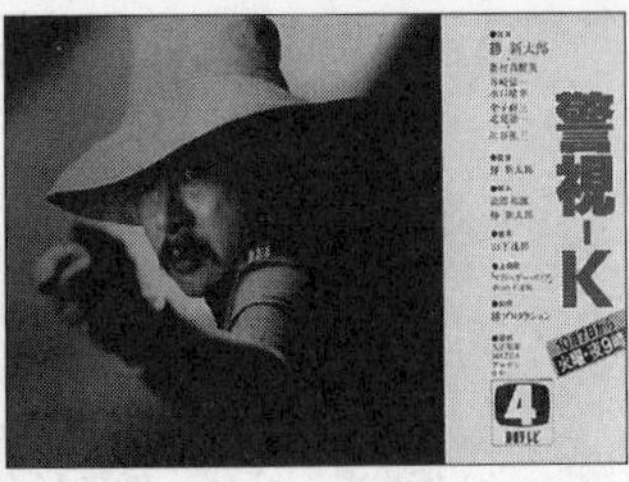

左上「俺たちの勲章」ポスター（1975年）、右上「警視-K」ポスター（1980年）、下「あぶない刑事」ポスター（1986年）

青春ドラマ夢伝説——「俺たちシリーズ」などとTVドラマの黄金時代

目次

いつも太陽の季節　17

青春ドラマ夢伝説

――「俺たちシリーズ」などとTVドラマの黄金時代

文庫版はじめに

本書は私が日本テレビを辞して中京テレビに移り、直接の現場から離れざるを得なかった時に書いたもので、ドラマ制作に未練を残している。後を受け継いでくれるドラマ制作者の登場を願っていた。その為、私の成功例も失敗例も恥じることなく正直に書いている。面白いテレビドラマの誕生を素朴に願っていたのだ。今読み返してみても、そんな情熱を感じる。

この本を書いた時からもう20年が過ぎている。今この本を読んでいただくと現実に合わない点があるかも知れない。しかし、私は直さずにそのままで皆さんに読んでもらいたいと思った。私の若い時のこのテレビドラマの制作に対する情熱を知ってもらいたいと思ったからだ。この本の出来事は「当時のもの」と考えて読んでいただきたい。

それにしても、このつたない私の自伝を文庫に収めていただいた筑摩書房の皆さんには心からの感謝である。とりわけ数々の助言をいただいた永田士郎氏、日本テレビの将口真明氏には大変お世話いただきました。ここにお礼を申し上げます。

いつも太陽の季節

人間の文化は、言葉を発明してから急速に発展したという。前人者の経験が言葉によって後継者に受け継がれるからだ。私もテレビ界に入って四十数年の経験をした。正確に数えたことはないが、その間2000本近くのテレビドラマに係わり合い、いろいろ貴重な体験をさせてもらった。そんな体験をここに綴ってみたいと思う。将来、テレビ界で活躍したいと思っている人に何かの参考にしてもらえれば幸せである。しかし、私の成功例を真似しても、必ずしも高視聴率の取れる番組が作れるとは限らない。時代も違うし、視聴者の嗜好も変っている。反対に、私の失敗例を参考にしてもらいたい。こっちの方は、あまり時代の変化に関係なく、いつの時代でも同じことをやると必ず悲惨な目に遭う。

また一方、テレビを楽しんでいて下さる視聴者の方々にも、テレビの裏側を覗いて、新しい視点でテレビを楽しんでいただきたいと思う。

もう一つ、私がこの拙い文章を書き記したいと思ったことがある。現在、私は映画関係資料の収集・保管・活用を主な業務とする「川喜多記念映画文化財団」というところの理事を務めているが、ここには映画に関する書籍が7000冊も保管されている。映画に関する書籍は膨大な数が出版されているのだ。それに反して、テレビに関する書籍は、一体何冊出版されているのだろうか。テレビも今年で、開局して70年近くがたっている。もう独自の文化として認知され、テレビ独自の研究文献が出版されてもいいのではないかと思う。一過性の創作物だった時代は過ぎ、再放送され、ビデオ、DVDが市販されている現在のテレビドラマでは、映画と同じような批評、解説、研究文献が出版されてしかるべきである。私は作品を作る方の立場なので、他人の作品を批評することは出来ないが、自分の作品なら何を書いても許されるかと思い、書店の数少ないテレビ関係の書籍のなかに陳列してくれることを望み、この本を執筆することにした。

もっとも、私の作品と言っても、私だけで作ったものではない。それぞれの作品には大勢のスタッフが協力してくれている。私が「この作品は失敗だ」と書くと、その作品に関係していたスタッフに、不愉快な思いをさせてしまうかもしれない。もし、そんな思いを抱かれるとしたら、この本の中の失敗談はすべて私の企画段階のものであって、協力していただいた方々には何の責任もないことを明言し、あわせて、ここに謝罪しておきたい。

尚、この本の中に、登場していただく方々のお名前に関して、敬称を省かせていただいたこともお断りさせていただく。諸先輩を呼び捨てにしているようで気がとがめるが、慣例とのこと、お許し願いたい。

序章

青春のはじまり

吹き替えこと始め

私が日本テレビに入社した年、昭和32年は、テレビが開局して4年、やっと黒字に転換した年であった。私の最初の仕事は、アメリカ製のテレビ映画の日本語版吹き替えで、『ジャングル・ジム』と『名犬リンチンチン』を担当した。

当時の日本語版吹き替えは、セリフだけ日本語にして6ミリテープに録音するが、拳銃の音とか、犬の鳴き声などは原音を生かして放送していた。そのため、ミキシングのミスからたびたび拳銃の音、犬の鳴き声と共に、そのバックに流れる英語が放送されてしまった。その上、その6ミリテープが曲者で、回転スピードが一定していない。3分以上続くと絵と音が合わなくなってしまう。絵（口のパクパク）と音（セリフ）が合わなくなると、そのズレはどんどんひどくなる。それを機械的に直す技術がまだ無かったので、仕方なく回転するテープを手で押さえ（オープンリールだった為に）音を遅らせたり、逆にリールの中にボールペンを差し込んで引き回して音を早めたり、なんとも原始的な作業をしていた。今から考えると、かなりひどい放送をしていたものだ。

放送形態の素朴さばかりでなく、著作権の問題もおおらかで、主役の少年の名前を

「ラスティ・ハリス」と呼んでいたが、「ハリス」という苗字は原版にはなく、この番組の日本でのスポンサーがハリスチュウインガムだったので、そのハリスを取ってつけた。番組の中で、2、3回は必ず「ラスティ・ハリス」と呼ぶわけだから、その宣伝効果はかなり高いものがあったと思う。また、当時の日本語版吹き替えでは、お金がなかったこともあって、声優さんたちを個々にキャスティングせず、〝劇団ユニット〟という形で、劇団単位でお願いしていた。『名犬リンチンチン』では、俳優座のスタジオ劇団「新人会」に声の出演を頼んでいた。劇団員というのは、殆ど毎日行動を共にしている仲間なので遠慮がない。スタジオ内で、夫婦喧嘩あり、俳優仲間の情事の話ありで、これを聞くのも楽しみだった。まさに良き時代であった。この時期が吹き替え作業第一期である。

私が入社してしばらくすると、パーホレーション・テープと称される何分廻しても時間のずれの無いテープが手に入り、完パケで録音して放送することが出来るようになった。それまでは、絵と音が合うなどということは奇跡に近かったが、このテープが手に入って以来、「吹き替え技術」が飛躍的に進歩し、大人の鑑賞に堪える作品を放送することが出来るようになった。この時期を吹き替え作業第二期と呼びたい。

しかし、この第二期に入っても、私たちの苦労は余り減らなかった。当時は日本とアメリカの距離がものすごく遠く、ドルの送金も30分番組1本300ドル（1ドル360円の時代だった）という制限があった。アメリカにしてみれば、作品を売っても1本300ドルにしかならないし、敗戦国の日本などに便宜をはかることなどないという態度で、プリントが1本送られてくるだけで、MEテープ（BGMと効果音の入ったテープ）も、宣伝用のスティール写真も、台本さえ送ってくれなかった。そのため、日本語版を制作するためには、音に関する総てを日本側で用意しなければならなかった。日本語版台本は、プリントから音だけテープにリレコして、そのテープからヒアリングして作った。BGMも、日本の作曲家に頼んで日本独自のBGMを作曲してもらった。山本直純、いずみたくなどが作曲してくれた。ドアの音、食器を洗っている時の水音、足音は人間のものから馬のひづめの音まで、効果マンが作り出した。この頃は、毎晩毎晩〝音〟との格闘で、徹夜の作業が続いたが、今思えばことのほか懐かしい。

この当時の面白いエピソードを2、3披露したい。もうパーホレーション・テープが入っていた第二期のことだが、『名犬リンチンチン』の録音は、いつも夜中に行われていた。夏のある暑い日、――当時の録音所には冷房など無かった――窓を開けて録音していると、急に隣りの犬が吼え出した。今まで吼えなかったのにどうしたのかと思ってみると、原因はどうやらＮＨＫ効果団のレコードの中の「犬の鳴き声」を使用したことにあるらしい。当時の音作りでは、効果マンが簡単に作れる音以外は、ＮＨＫが市販しているＳＰのレコード（今の方にはお分かりいただけないレコードかも知れないが……）を使用していた。風の音、雨の音、動物の鳴声などなど。そこでわれわれは推理した。そのレコードの中で吼えている犬は日本の犬なので、日本語を使っているのに対し、プリントの原音はアメリカの犬の鳴き声なので、英語で吼えている。だから、英語の解らない犬は、アメリカの犬の吼え声には反応せず、日本の犬の吼え声にのみ応えたという推理だ。ちょっと嘘臭いけど……。

日本語版を制作する上で、一番困ったのが身近に無い音が必要になった時である。中でも飛行機の音には困った。『フライト』という第二次世界大戦の空中戦を見せ場にした作品を手がけたときのことである。急降下して来た飛行機がすぐさま急上昇していくというシーンがあった。ところが、下降の音はプリントのトーキーの音が使えるが、上昇の音には英語のナレーションが被っていて使えない。当時は、まだ飛行機が珍しい時代で、羽田空港にデンスケ（携帯小型録音機）を担いで出掛けたのだが、離陸と着陸の音しかとれない。離陸の音ではとても飛行機が急上昇してくれない。テープを早廻ししたりして、加工してみたがどうしてもうまくいかない。仕方が無いので、試しに、下降音を逆さに繋いで見たら、なんとそれらしい音が作れた。なんともいい加減な音作りだった。この『フライト』にはもう一つのエピソードがある。日本軍との空中戦の中で、日の丸を付けた零戦が登場すると、その乗組員が藤田進（黒澤明の『姿三四郎』の主役を演じた俳優）だった。戦争中に作られた『加藤隼戦闘隊』という映画の一場面を無断で使用したものらしい。この映画は、「戦意昂揚映画」として、戦後アメリカ側に接収され、本国に持ち帰られてしまっていたのだ。その後、藤田進が私のドラマに出演された折に、この話をしたところ、「それじゃギャラをもらわなくてはね」と笑い話になった。

当時にあっては、前述のパーホレーション・テープの値段が高く、二度、三度と使い廻しをするので、途中でテープを切ってはいけないという会社のルールがあった。そのため、どこかにトチリが出ると、全部最初からとり直さなければならなかった。もう夜中の3時頃のことだ。ロールの最後で、上官の命令に、兵卒の一人が「はい！」と答えるシーンがあった。20分近くのロールで、やっと最後までたどりついたのに、その「はい！」がスタジオの中から聞こえてこない。思わず立ち上がって中を覗くと、その「はい！」を言う筈の声優が眠ってしまっていたのだ。全員ぶつぶつ言いながらも、また最初からやり直しをしなければならなかった。録音が終了した時には、もう夜が明け始めていた。また、この事件の反対で、声優さんたちが、みんな眠ってしまったので、ただ一人起きていた声優が、三人分くらいのセリフを全部声色で録音してしまったこともあった。いつもはらはらどきどきの連続だった。

このパーホレーション・テープは確かに便利だったが、もう一つ困ったことがあった。それは、このテープを録音し、再生する機械が一台しかなかったことだ。せっかく声優さんたちがのって来て、録音がうまくいきそうになっても、吹き替え番組の放送時間になると、録音を中断して、機械を放送の方に廻さなければならなかった。その間は、日本語版制作スタッフは、何もすることが無く、雑談に耽ることしか出来なかった。なんとも無駄な時間を過ごしたものだ。

もう一つ、今の人に伝えておきたいことがある。現在の吹き替えでは、インターホンから英語の原音のセリフを聞き、それに合わせて日本語のセリフを喋るのだが、当時は一個しかインターホンがなかった。そこで、演出家と称する代表者が一人イヤホーンをつけて、英語を聞き、いちいちキュウを出していた。声優たちは、そのキュウを頼りにセリフを喋り出すわけだから、どうしても一拍遅れる。この遅れを出来るだけ少なくするためには、キュウを出す方もセリフを発する方も、かなり反射神経が発達していないと出来なかった。『ジャングル・ジム』では、若き日の浅利慶太（劇団四季の創設者）がそのキュウを出してくれた。

アテレコとは呼ばせない

昭和32年は、アメリカ製テレビ映画番組にとって画期的な年となった。これまでアメリカ製テレビ映画といえば、子供向けのものしかなかったが、この年、『ヒッチコック劇場』『ドラグネット』『パパは何でも知っている』などという大人の鑑賞に堪える作品が公開されたのだ。日本テレビが開局して4年も経つと、視聴者の方も目が肥えてきて、より高度な内容を求めるようになり、そんな視聴者を満足させる番組を、テレビ局が自前で全部作る事が出来なくなって来た。その上、放送時間帯がどんどん延びて来て、番組の数も足りなくなってしまった。そんな時、子供向きの番組とはいえ、アメリカ製テレビ映画がことごとくヒットしていたので、それならば、大人向きのアメリカ製テレビ映画を買い込んで放送しようという機運が生まれて来たのだ。その上、幸いなことに、送金できる金額に制限はあったが、この頃になると、アメリカの製品（番組）をかなり自由に買うことが出来るようになった。購入する番組の値段も、ドル制限が逆に幸いして、当時の日本のテレビ局でも充分負担できるものだった。そんな訳で、この年10月から続々とアメリカ製テレビ映画がゴールデンタイムに顔を並べるようになった。

丁度、この頃、パーホレーション・テープが手元に入手出来たこともあって、吹き替えの技術も大幅に進歩した。この三つの作品は現在でも充分通用するような傑作だった。なかでも『ヒッチコック劇場』は、当時にあって批評家からも、視聴者からも大変な評判を得た。吹き替えの作業をするために、毎作品を6、7回見なければならなかったが、見る度に新しい発見があり、面白かった。熊倉一雄のヒッチコックの声も、後でコマーシャルになるほど有名になった。私が後に、サスペンス・ドラマを制作するようになった時も、この作品から色々とヒントを頂戴した。

当時、吹き替えのことを「アテレコ」と呼ぶ人たちがいた。多分声優さんたちの間から出た言葉だと思うが、外国の俳優が喋る口に合わせて、セリフを当てていくので、「アフレコ」（アフター・レコーディング、撮影時にサイレントで撮ってあとからセリフを入れる方式）をもじってこういう言葉が生まれたのだと思う。本業の「ラジオドラマ」と違って、他人の芝居に合わせるだけなので、いささか卑下してこう呼んだらしい。しかし、私たちは、その呼び名が気に入らなかった。私たちは、自分たちのことを〝オーディオ・ディレクター〟と名乗っていた。絵の方は、アメリカ側が作ってくるが、音の方はわれわれが作るのだと考えたわけだ。原音に入っていないところにB

GMを入れたり、登場人物が後ろ向きになっていたりして、口の動きが分からないと、セリフのないところにもわれわれが創作したセリフを入れた。セリフの内容も、必ずしも元の英語のセリフの翻訳とは限らなかった。もう時効だと思うので、書いてしまったが、これは恐ろしいことで、現在だったら、著作権法違反で捕まってしまう。当時はわれわれもまだ20代、より良い作品を作りたいと純粋な情熱を傾けていたことは確かだが、いささか驕りがあった。お恥ずかしい限りだ。

この時期、『世にも不思議な物語』（原題『ワン・ステップ・ビヨンド』）という番組の日本語版制作を担当した。超自然現象を扱った番組で、当時推理作家として売れまくっていた松本清張に番組のネーミングをしてもらった。この番組は、一見超自然現象を売りものにしているように思われがちだが、監修したジョン・ニューランドは、このシリーズを〝愛の物語〟として制作していた。「超自然現象が起きるのは、ある人物が並外れた〝愛〟の行為を発揮した時で、偶然に起こるものではない」というのが彼の主張だった。表面は超自然現象のお話のようだったが、テーマはいつも〝愛の物語〟であり、視聴者はその〝愛〟に感動するように作られていたのだ。私は、この彼の考え方に共感した。

ある舞台女優が子供を亡くし、悲嘆にくれながら舞台に立っていると、突然、この世にいないはずの我が子の声が聞こえ、思わずその声の方に一歩踏み出した。すると、ちょうど彼女が立っていた元の位置に舞台装置のシャンデリアが落ちて来て危ないところで命拾いをしたという話があった。彼女とその子供との〝愛〟が彼女の命を救ったというのだ。

他人の心が遠く離れていても読めてしまう少女の話もあった。中世の話で、少女は魔女と断定されるのを恐れて、そのことを隠し続けるが、村の沖合で、漁夫が遭難して助けを呼んでいる声を聞いてしまう。漁夫の声を聞いたことを村人に告げれば、自分は魔女にされてしまう。しかし、その声のことを言わなければ、漁夫が死んでしまう。そのジレンマに悩むが、結局そのことを言ってしまう。すると、同時に他人の心を読む能力が消えてしまった。神がこの純真で優しい少女を使って漁夫の命を救われたのだというお話だった。

このシリーズの中には、タイタニック号の悲劇を扱った話もあった。贔屓目でなく、後に大ヒットした同名の劇場用映画より、はるかに感動的なストーリーだった。

殆どこの同じ時期に、『ミステリー・ゾーン』（原題『トワイライト・ゾーン』）という超自然現象を扱った番組も放送されていて、こちらの方が有名になってしまったので、よく混同されてしまうが、これは明らかに狙いが違い、私は自分が担当したからではなく、こちらの『世にも不思議な物語』の方が好きだ。私は、このドラマから、見る人を感動させるためには、如何に〝愛〟の力が強いかを学んだ。それ以後、私の制作する番組には、この「〝他人に対する愛〟のエピソード」を盛るようにしている。

私はこの時期、『ビーバーちゃん』という30分のホーム・コメディも担当した。アメリカの典型的な小市民の家庭を舞台にしたホーム・ドラマだったが、同じく日本テレビから放送されていた『パパは何でも知っている』とともに、アメリカ家庭の裕福さには驚かされた。視聴者も、これらの番組を見て、電気冷蔵庫や、電気洗濯機などの便利さを知り、そんな生活にあこがれを持ったものと推測する。当時の日本では、こんなドラマの世界はまだ夢のまた夢の世界だった。日本人がアメリカという国に強いあこがれを持ったのも、これらのドラマの影響が大きかったと思う。ベビー・シッターを雇って、両親が映画や、パーティにおしゃれして出掛けていく姿は本当にうらやましかった。

あな恐ろしやミノー発言

1960年、昭和35年8月の視聴率ベスト20を見ると、アメリカ製のテレビ映画のシリーズが6本も入っている。しかもいずれもゴールデンタイムの真ん中で放送され

『ビーバーちゃん』(59年) より。
典型的なアメリカ型ホーム・コメディだった

『パパは何でも知っている』(54年)。
この流れは日本のテレビドラマにも
“ホーム・コメディ”という名前で受
け継がれている

ている。『ララミー牧場』『モーガン警部』『ローハイド』『ガンスモーク』などである。私も、この年の10月から『幌馬車隊』という西部劇を担当した。『アンタッチャブル』『ボナンザ』『サンセット77』などが放送されたのも、この時期である。要するに、この頃、アメリカ製のテレビ映画が、日本のテレビ界を席捲していたのである。

ところが、1961年5月、アメリカの放送業界を監督・指導する機関「米連邦通信委員会」(政府そのものではないが、全米のテレビ局を取り締っている団体)の委員長を務めていたニュートン・ミノーが「テレビは一望の荒野である」と宣言し、子供の教育のために、テレビから暴力シーンを追放するように求めた。その結果、『ベン・ケーシー』などという作品は生まれたが、全体としては、作品から暴力が無くなり、アメリカ製テレビ映画が面白くなくなって、日本でも、アメリカでも、ゴールデンタイムでは放送出来ないような作品群になってしまった。このミノー発言は、いまだにアメリカで話題になっている。当時、確かに暴力が過ぎた番組があったかもしれない。しかし、この発言で、西部劇が衰退してしまったことも事実だ。テレビの番組規制というのは非常に難しい。テレビはスイッチ一つで誰でも見ることが出来るので、子供から大人まで、或いは高い教養を持った人から、その反対の人も見ている。テレビから受ける影響は全く一人一人違う。そんな中で、一律に何らかの規制をしようとすると、色々と問題が起きる。それにテレビは修身の教科書ではない。娯楽機関である。これを忘れて貰っては困る。かつて、私も民放連で考査を担当して「青少年委員会」というのを立ち上げたが、このミノー発言の轍だけは踏みたくないと叫びつづけた。行き過ぎた暴力はいけないが、暴力を全部否定してしまうと、ドラマが面白くなくなってしまう。テレビは見てもらうことが大事なので、誰も見てくれなくなったらおしまいだ。暴力シーンを無くす努力をするよりも、子供たちが興味をもって見てくれる作品の中で、他人への思いやりの重要さを説くことを奨励する方がはるかに有益であると主張した。私が作った『太陽にほえろ!』は確かに暴力的だった。しかし、この番組を見て、他人への思いやりや、優しさがいかに重要かを学んだと言ってくれた人が大勢いる。子供は、大人が考えるよりはるかに利口だ。テレビの中で行われていることでも、現実の社会の中で、やっていいことと、やってはいけないことをちゃんと理解している。余り過保護にならずに、良いものも、悪いものも、そのまま見せて、子供たち自身に考え、結論を出させることが大切なのではないかと思う。

日本製テレビ映画の誕生

このミノー発言は、アメリカ製テレビ映画を衰退させたが、代わりに日本製テレビ映画を誕生させた。昭和30年代の日本製テレビ映画はまだ子供向けのものが殆どだった。しかし、前項のような事態になると、アメリカ製テレビ映画に替わるゴールデンタイムの番組を作らなければならない。そこでわれわれは（10名ほどの当時の吹き替え要員は）、アメリカ製テレビ映画を手本にして、日本製のテレビ映画を作ることにした。アメリカ製テレビ映画では、アップが何カットで、ロングが何カット、パンが幾つで、移動撮影が幾つと数え上げて、全員で侃々諤々深夜まで議論を重ねたことを懐かしく思い出す。

私が日本製テレビ映画の世界に足を踏み入れたのは、昭和38年『宇宙Gメン』という子供向けの番組だったが、面白いことが沢山あった。宇宙船をピアノ線で引っ張ってあたかも宇宙を飛んでいるように見せるのだが、宇宙船がガクガクしたり、ピアノ線が映ってしまったりと悪戦苦闘の毎日だった。映画に比べて、制作費が桁違いに安いので、殆どスタッフの情熱だけで番組を仕上げなければならなかった。そのため、数々の失敗も致し方なかった。この撮影は京都の太秦の日本電波という会社のスタジオで撮影された。そのため、私も3カ月以上暑い京都の夏を体験した。いくら当時でも、テレビ局の中で働いていれば冷房があったが、京都の宿にはそんなものは無かった。京都の夏の暑さはまた格別で、一日中窓を開けっ放しにしておかないと、とても夜眠れなかった。窓は開けっ放し、宿の人は昼寝、まるで人っ気がないのだから、泥棒が入らないのが不思議だった。しかし、宿の人に聞くと、「この辺の泥棒は利口だから、貧乏な活動屋の宿などには近づかないよ」ということだった。それまでの贅沢な(?)テレビ屋には総てが驚きだった。

この番組はテレビ界では初めてと思われる「特撮宇宙もの」だった。その後、私も色々と特撮ものに係りあったが、どうも〝特撮〟というと、特撮の方に力を入れ過ぎて、肝心の人間のドラマの方が薄くなってしまう傾向がある。しかも、テレビの場合、制作日数に厳しい制限があるので、特撮を仕上げてから、人間のドラマにかかるなどという時間的余裕はない。従って、素晴らしい「特撮」が撮れても、それが人間の方のドラマとかみ合わなくなってしまう。この番組を経験出来たお陰で、そんなことを学んだ。

この番組は、私に沢山勉強をさせてくれたが、視聴率的にはものの見事に失敗した。関係者には悪かったが、プロデューサーがずぶの素人では成功するわけがない。しかし、私にとっては大変印象に残っている番組で、今でも、京都に行くと、太秦の当時の撮影所の付近を散策する。

初めのうちは、日本電波とか銀座プロとかいった小さなプロダクションと共同制作をしていたが、やはり5大映画会社の力を借りなければならないということになって、折から持ち込まれた電通企画の『青春シリーズ』で、映画4社に制作を依頼することになった。東宝、松竹、大映、日活の4社が、それぞれ30分4本のシリーズを1シリーズずつ制作して、成績を競うものだった。そして、われわれ32年入社の同期4人が手分けして各映画会社を担当することになった。私は東宝を担当した。

当時、各映画会社のテレビ部は、テレビに乗り出そうと盛り上がっていたが、まだ会社の中で発言権が弱く、第一線の監督や俳優は映画優先でなかなかテレビに引き出すことが出来ず困っていた。私の担当した東宝は、映画の世界でまだ成功していたので、特に厳しかった。他の3社はそれぞれの東京の撮影所を開放してくれたが、東宝は子会社の宝塚映画の撮影所を使うことになった。東宝はその後もテレビに一番消極的で、東宝のテレビ部の面々と共に随分と苦労した。しかし、とにかく各社ともこの辺り昭和30年代末から、テレビ映画の制作に乗り出して来てくれたのだ。

この時、私が担当したのは『魔女の時間』。藤本義一が脚本を書いてくれた。彼はもの凄く筆が早い。私が宝塚に着くのが夕方（まだ新幹線が無く、東海道線の急行で6時間くらいかかったと思う）、それからストーリーの打ち合わせをすることになるのだが、もう次の日の朝にはシナリオが出来上がっていた。この時はこんなものかと思っ

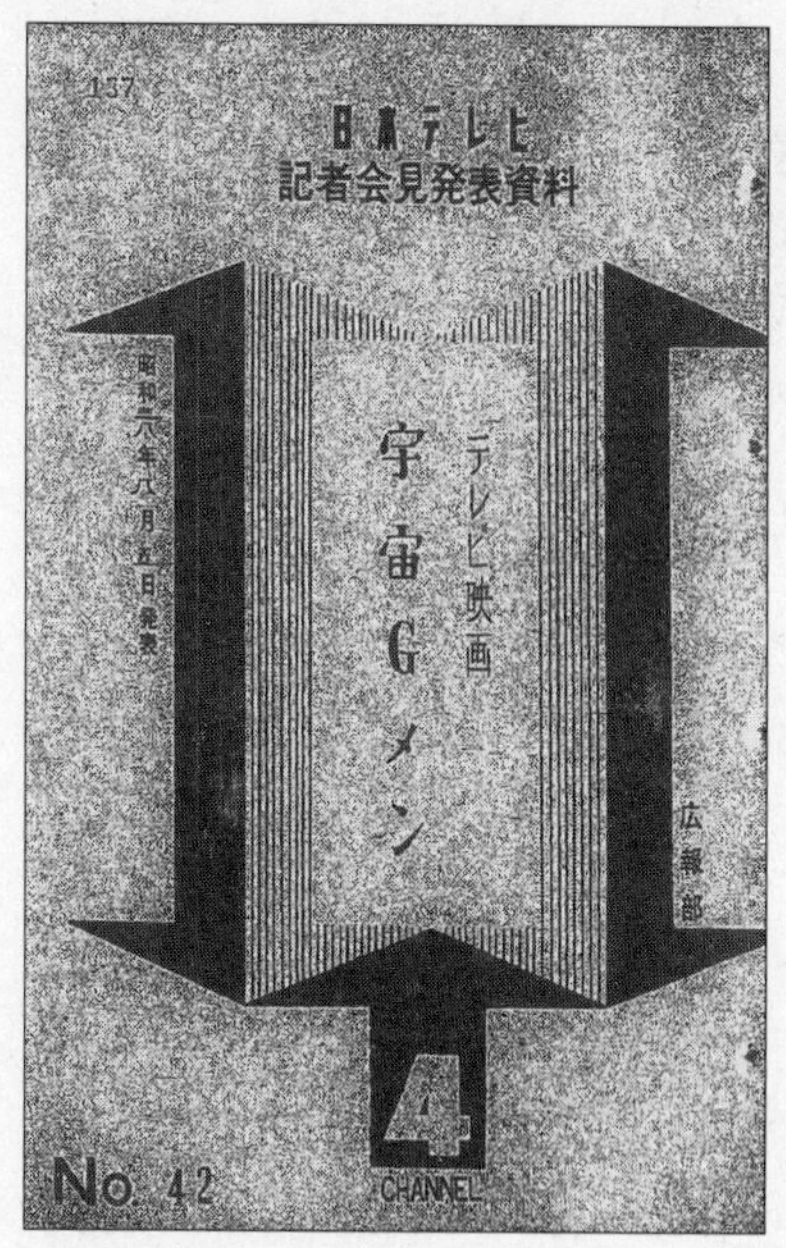

大変貴重な『宇宙Gメン』(63年)の企画書の表紙。
日本のスペースオペラの草分けだった

ていたが、後になってみると一晩でシナリオが書き上がるなどということは、稀有の例であることが分かった。後に、彼は「読売テレビ」の『11PM』の司会で有名になったが、とびきり頭の切れる人である。

このシリーズで、もう一つ書き添えて置きたいことがある。それは私の同僚がプロデュースした日活の『伸子』という〝学園もの〟で、酒井和歌子がお風呂に入るシーンを撮影したことである。その時はまだ「劇団若草」という児童劇団に所属していたが、何とも可愛らしい入浴シーンだった。

このシリーズも余り上手くいかなかった。私はこの時期、昭和30年代の後半、殆ど失敗作ばかり制作していた。アメリカ製テレビ映画の吹き替えから、日本製テレビ映画の制作に移ろうと理想は高かったが、世の中そんな甘いものではなかった。日本中が東京オリンピックではしゃぎまくっているのに、私たちだけは、毎日会社に出勤するのも辛かった。

そんな苦悩の時代に、昭和39年、光明がさして来た。私の同僚の一人小坂敬が、山田吾一主演の『風来坊先生』という番組で、見事に成功してくれたのだ。この番組のヒットは、私に大きな希望を与えてくれた。おまけに、この頃、われわれの上に強い追い風が吹き始めて来た。

丁度この頃から映画の観客人数が減り始め、映画会社の制作本数が年々少なくなって来たので、映画界の若い優秀な演出家たちが、作品を作りたいと熱望しながら、その場が無くなってしまって、テレビに積極的に進出しようという機運が生まれて来たことだ。彼らは、とにかくドラマを作りたくてウズウズしていた。われわれもまた何とかゴールデンタイムに放送出来るような質の高いドラマを制作したいと熱望していた。われわれは、彼らに水面下で働きかけた。現場同士の話し合いは極めてスムーズに運んだ。彼らは、所属する映画会社に働きかけ、会社の目をテレビに向けさせ、本腰を入れてテレビ映画の制作を考えるようにしてくれたのだ。出演者についても同じことが言えた。出演の機会が少なくなり不満を抱えていた映画俳優たちも（当時は各映画会社が専属の俳優を抱えていた）、徐々にテレビに出演してくれるようになって来たのだ。

こうして、昭和40年を迎えた。この年は、日本製テレビ映画の発展にとって最も記念すべき年となった。

昭和40年、日本製テレビ映画がテレビを支えるようになる

われわれの必死の努力にも拘わらず、昭和40年を迎えても当初はまだテレビ映画の

世間的評価は低かった。確かに、映画出身の俳優たちも、テレビに出演したいと望むようになって来たが、そんな俳優たちでも、スタジオものなら二つ返事で出演をＯＫするのに、テレビ映画となると、躊躇されてしまった。曰く、16ミリのフィルムでは粒子が粗いので自分が綺麗に映らない、暖房も冷房もない環境では充分な演技ができない、などなど。その上、致命傷的欠陥として、当時のテレビ映画は同時録音ではなく、総てのセリフをアフレコで演じなければならなかった。自然の演技を志向する俳優たちにとって、アフレコでの芝居は耐えがたいものだったのだと思う。

こんな状況ではあったが、時の流れか、テレビ映画も、この年に飛躍的な発展をとげた。テレビの場合、放送時間帯がどこになるかで、その番組の価値が決まってしまうところがあるが、この年、日本テレビは、ゴールデン中のゴールデン、日曜日と月曜日の夜8時の枠に16ミリフィルムで撮影するテレビ映画（これからは日本製テレビ映画をこう呼ぶ）の企画を充当することになった。この会社側の決定に対し、早速われわれは企画を提出した。当時若者の間で人気を二分していた石原慎太郎と石坂洋次郎の〝青春もの〟の企画である。そして、日曜日には石原慎太郎の男っぽい青春ものを、月曜日には石坂洋次郎の女性主役の青春ものを放送することに決まった。日曜日の方は、先年に『風来坊先生』という学園ものが成功していたので、私は東宝と共に、アメリカ帰りの型破りの先生が登場する〝学園もの〟の企画を提出した。形式も、『風来坊先生』のように原作を幾つかのパートに分けて、一話読みきりにした。月曜日の方は、同僚が提出した企画で、なるべく原作の流れに沿って、一つの原作を13回に分けて、松竹と日活交互に制作してもらうことになった。こうしてこの年から映画会社が本格的にテレビに参入することになったのである。

この両作品は、放送を開始すると、たちまちもの凄い人気を博した。日曜日の方は、当時難攻不落と目されていたNHKの大河ドラマ『源義経』を視聴率で逆転したし、月曜日の方も、『雨の中に消えて』という作品で、視聴率30％を超えるという快挙を成し遂げた。それまで、テレビ映画というと粗製濫造の代名詞のように言われて、非常に腹立たしい思いをして来たが、この二つの作品の成功で、テレビ映画の地位は確立した。視聴者に向かっても、会社の中に向かっても大手を振って歩けるようになった。従って、この年が、テレビ映画元年と言っても過言では無いと思う。何しろ、スタジオドラマを制作しているドラマ制作部に対抗して、テレビ映画をプロデュースするわれわれのために、「映画制作部」というセクションが出来たのだから……。

われわれテレビ映画の制作者グループにとって、二つ目の追い風が吹いて来た。それはいささか不謹慎なきらいはあるが、当時〝ストライキ〟が非常に頻繁に行われたお陰である。テレビは当初、利益があがるかどうか分からない極めて小さな企業だったために、労働条件が悪かった。ところが急激に収益が増えて来たので、仕事も増え、社員は更に忙しくなり、会社と労働組合との争いが激しくなって来た。そうなると、そんなストライキ対策のために会社は色々と手を考える。一つの番組を作るのに大勢の社員を必要とするスタジオドラマより、社員一人で番組が完成してしまう外注番組のテレビ映画の方が、被害が少なくて済むということで、どんどんとテレビ映画の枠が増えていった。われわれは、天にも昇る気持ちでテレビ映画を作り続けた。1週間に4本の番組をプロデュースしていたこともある。めちゃくちゃな忙しさになった。

われわれテレビ映画担当者としては、自分たちが入れ込んでいるテレビ映画が、テレビ番組の主流になって来たので有頂天になっていたが、その間〝スト破り〟をしていたことになる。同僚を裏切っていたのだ。われわれはまだ若かったので、番組を作り、視聴率を取ることに必死で、そんな同僚のことなど考えてもみなかった。ストがあると、かえって好都合で、会社を飛び出し、ロケに、撮影所にと楽しく番組制作に励んでいた。今思うと、まわりの同僚たちにずいぶんと迷惑をかけていたのだと思う。

とにかく、こうしてテレビ映画の時代が始まった。これから、その一つひとつの番組について、「私がどう関わったか」を綴っていきたいと思う。

第壱章

我が青春に悔いあり！

『青春とはなんだ』

昭和39年の12月、年の瀬押し迫ったころ、東宝のプロデューサーが、石原慎太郎が著したこの原作を持って来た。私はそれを一晩で一気に読んでしまい、「これはいけるぞ！」という感触を得た。高校時代、余り勉強をしなかったし、不登校寸前だった私にとって、こんな学校だったら楽しく通えたのにと思った。作品のカラーとしても、当時の風潮として、若い視聴者はアメリカに憧れていたので、アメリカ帰りで、アメリカ仕込みの教育方針を唱える主人公に、無条件で拍手を送ってくれると確信した。この時は、まだあまり考えていなかったが、この時から私は石原家に世話になっている。石原家が逗子、私の家が鎌倉と育った環境が近かったので、石原家の考え方と私の考え方が似ているのかとも思うが、後年、石原裕次郎と『太陽にほえろ！』で仕事を一緒にした時も、非常にスムーズに事が運べた。

この作品は、学園ものとしての教師と生徒の話の他に、田舎町の古い因習や保守的な考え方を痛快に打ち破っていくというストーリーの流れがあった。そこで、一話一話は教師と生徒の話にするが、シリーズ全体の流れは、石原流の「強いものに挑戦する姿勢」を盛り込み、学校を儲け仕事と考えている理事長一派を痛快にやっつけるものとした。そのため、ドラマの舞台を古い体質の蔓延る田舎町に設定しなければならなかった。スタジオドラマだと、殆どロケーションは出来ないが、テレビ映画なら融通がきく。この点がテレビ映画の強みなのだ。まず都会育ちの若者があこがれるような田舎探しから始めた。

丁度、その前の年、この作品の現場を担当してくれるテアトル・プロ（現在の東京テアトルが当時は映画とテレビの制作会社を持っていた）が制作した映画が、勝沼の駅のロケをしていたので、先ず山梨県の勝沼に向かった。いまでこそ高速道路が出来ているので、勝沼までアッという間に行くことが出来るが、当時はすべて一般道を走って行ったので、7、8時間は掛かった。車で、走っても走っても一向に勝沼に着かない。こんな遠くまで毎回ロケに来ていたのでは、とても放送に間に合わなくなると半ばあきらめてしまったのだが、笹子トンネルを抜けると目の前に広がる一面のぶどう畑を見て、一遍に考えが変った。どうしても此処まで来たいと思うようになったのだ。おまけに、勝沼駅に着いてみると、原作はこの

『青春とはなんだ』（1965-67）出演者		
夏木陽介	藤山陽子	加東大介
十朱久雄	山茶花究	木村豊幸
矢野間啓二	阿知波信介	岡田可愛
土田早苗	水沢有美	宮口精二
賀原夏子	他	

駅をモデルに書かれたのではないかと思われるほどぴったりの雰囲気を持っていた。この作品の出だしは、教師が駅を降りると、これから自分が受け持つことになる生徒が、土地のチンピラと喧嘩をしているところから始まる。このシーンが成功すれば、番組も必ずヒットすると考え、ロケ地をここに決めた。ロケ地が決まると、番組のカラーも決まり、俳優のキャスティングの方針、スタッフ編成、ストーリー展開もすらすらと出て来た。

このシリーズから、一連の〝青春シリーズ〟が始まるが、これ以後、番組を企画する時、この勝沼の例に倣い、まずロケ地を決めることから始めることにしている。特に、〝学園もの〟では、「学校」を何処に決めるかで作品の成否が決まってしまう。この時はわりとあっさりと決まったが、他の企画では、ロケ地探しに数カ月を要したこともある。

昨年、あの頃が懐かしくなり、勝沼を訪れたのだが、今はあの頃の面影は全く無かった。駅も近代化されてしまったし、やたらきれいなワイン工場が立ち並ぶようになっていた。風景だけでなく、駅の前に停まっていたタクシーの運転手さんに、当時、家の中で屋根を突き抜けてまでぶどうの木を生やしていた家があったが、その家がどうなったかを尋ねると、ぜんぜん記憶にないとのことだった。わずか35年前の事な

『青春とはなんだ』の撮影中の一葉。体育館での撮影の様子が分かる。
夏木陽介と松森健監督

のだが、もうすっかり風化されてしまっていた。しかし、これが悪いこととも言い切れない。素朴な勝沼は無くなってしまったが、東京からわずか1時間半、便利で、きれいに生まれ変ったのだから、「良かったな」と思わなくてはいけないのかも知れない。少なくとも、勝沼に住んでいる人たちにとっては住み良い土地になったのだと思う。

この作品を企画した時、テレビ映画を日本に定着させるためには、この作品を成功させるかどうかが勝負だと思った。だから、何が何でも超一流のスタッフを集めて悔いの無い形で制作したいと考えた。これまでのテレビ映画では、どうもこちらで遠慮してしまい、一流の演出家、脚本家、俳優たちを避けて通っていたような気がする。そう思って、私は東宝のプロデューサーに相談した。そうしたら、今のテレビ部の力ではまだかなり難しいが、誰か一人キーになる人に参加してもらい、その人から声を掛けてもらえば、大物が集まるかもしれないと知恵をつけてくれた。そこで、『大番』シリーズなどを撮った当時の東宝のドル箱監督の千葉泰樹監督に白羽の矢を立てた。そして、東宝の撮影所の喫茶室で、かなり緊張しながら千葉監督と面会した。案ずるより産むが易しで、千葉監督もテレビに非常に興味を持っておられ、かなり熱のこもったお話をいただいた。本当の〝物作り〟なら、映画だろうとテレビだろうと〝もの〟を生み出すことに強い情熱を燃やしているということを学んだ。これが「物作りの心意気」なのだろう。千葉監督は、毎回の打ち合わせで、いつも「自分の家族に見せたくないような作品は絶対に作るな。それが〝物作り〟としての責任だ」と言われていた。スイッチひとつで誰でも簡単に見ることの出来るテレビにあっては、これは心して守らなければならない戒めだと思う。

千葉監督はいつも柔和な微笑みを浮かべて、無声映画の時代から、現在に至るまでの映画人のあり方、映画界の出来事を話して下さった。映画界、テレビ界で良く使われる撮影用のスケジュール表を「香盤表」と呼ぶが、これは、吉原で、一回のお客の時間を計るために香を盤の上で焚き、その燃え尽きるまでとしたことによるといったことも教わった。喜劇は役者や監督が現場で面白がってはいけない。芝居を抑えることで笑いはふくらむということも注意された。まさに毎日が勉強だった。低予算のテレビのことなので、ほんの少ないギャラで監修をお願いしてしまったのだが、脚本の打ち合わせ、オールラッシュのチェック、完成試写と何回も打ち合わせに来ていただいた。その上、打ち合わせの後、必ず全員をご馳走して下さった。多分かなり足が出ていたことと思う。千葉監督は、「昔は役者より監督の方がギャラがはるかに高かったから、何かの集まりの帰りなど、監督だけ車で帰れたのに、今では役者はみな高級車で帰るが、監督は電車で帰らなければならない」などと冗談を言われながらも、「こういう会は、一番の年長者が払うものだ」と言われて、絶対にわれわれに勘定を払わせてはくれなかった。私が「どうせ会社が払うんですから……」と言っても、「今はプライベートタイムだよ」と言われた。社用族のわれわれには耳が痛い話だった。

千葉監督に「監修」を引き受けていただくと、千葉泰樹監督、稲垣浩監督の助監督を務めていた優秀な演出家松森健、高瀬昌弘、児玉進、竹林進などが実際のメガホンをとってくれることになった。年間の映画制作本数が減って来たので、才能がありながら映画を撮ることが出来なくなってしまった方々だ。千葉監督も、お弟子さんたちにチャンスを与えようと思ってテレビに乗り出して来てくれたのだと思う。そして、脚本家には井手俊郎、須崎勝弥、田波靖男といった当時の東宝映画を支えていた大家たちにお願いした。井手俊郎は『青い山脈』『潮騒』などで東宝の文芸路線の第一人者、須崎勝弥は『キスカ』など戦争ものの大家、田波靖男は加山雄三の『若大将』シリーズの脚本家だった。音楽も多くのヒット曲を生み出していたいずみたくに依頼し、主題歌の歌詞は、岩谷時子（加山雄三の曲の作詞家として有名）にお願いした。そして、主題歌は布施明が歌い、甲子園の応援歌にもなった。まさに豪華スタッフである。

井手は、いつも六本木の国際文化会館を仕事場として、活躍しておられたが、息子さんが予備校で野球部を作ってしまったこと、なぜバッターは右に（一塁）しか走らないのか、左に（三塁）走ればセーフになるのに……とわれわれを笑わせてくれた。とにかく読書家で、単行本は勿論、月刊誌、同人誌などに載る、ありとあらゆる小説を読破、「こんな話ありませんか?」と、企画のネタを尋ねると、「ああ、それなら××の何月号を読みなさい」とすぐさま答えが返ってくる。われわれ怠け者のプロデューサーは、企画に詰まると井手詣をしたものである。

須崎師匠（私のシナリオの「師匠」なので……）には或るとき厳しく叱られたことがある。「ここを直して下さい」と注文をつけたところ、直してくれなかったので、「それでは一応撮りますが、きっと切ることになります」と言ったところ、「私はどんなセリフでもいいかげんな気持ちで書いてはいない。それをそんな風に安直に考えないで欲しい」と。私は返す言葉がなかった。脚本家の心意気、物作りの心意気を無視してしまったのだ。いまだにこのことは、申し訳なかったと思っている。その償いのためにも、それ以後、脚本家の創作物は尊重して扱うようにしている。

須崎師匠からはその作劇術の一つとして、「少数派に勝利を与えることが、視聴者を感動させる基である」という氏の持論を学んだ。民主主義の世の中では何でも

「数」が強く、少数派は泣き寝入りをしなければならない。だからこそ、ドラマの世界では、少数派が多数派を逆転する時、感動が生まれるのであり、その逆転劇をリードする人物が英雄となるのである。須崎師匠は戦争に参加され、紙一重のところで、命拾いをされたと聞く。戦争体験がどんどん薄れていく現在の日本に、警鐘を鳴らすような作品を執筆していただきたかったと思う。

田波は、〝若大将シリーズ〟で有名になり、当時飛ぶ鳥を落とす勢いだったが、この番組に参加してくれた。田波が書いた話で、凸凹コンビのダメ生徒が、検便のために、便を採って学校に持って来なさいと言われると、面倒くさいので、犬の糞を自分の便と偽って提出する。すると学校では、新種の回虫と大騒ぎになってしまうというのがあった。なんともばかばかしい話だが、大笑いしてしまった。これが喜劇の根本なのかも知れない。ありそうでなさそう、なさそうでありそうな、そのギリギリの線で、しかも登場人物のキャラクターを生かして笑いを誘って行く。大変に教えられたテクニックである。田波とは、大学時代、同じ慶応の文学部に通っていた同期だったが、学校では一度も会ったことがなかったので、この番組を一緒に作ることになるまで、彼と話をしたこともなかった。しかし、知り合ってみると、共通の友人が大勢いて、公私ともに親しくなった。お互い学校に通っていたことも事実らしいと認めた。

この時以来彼とは長い付き合いとなった。いつも友達の事を思い、さりげなく助けてくれるのが彼である。そんな彼が逝ってしまった。なにか大きな宝物を失ってしまったような気持ちだ。

スタッフが揃ったところで、今度はキャスティングだ。当時の東宝映画の男優スターとして、加山雄三と人気を二分していた夏木陽介を主人公の教師に迎えることにした。夏木は、その前年、同じ日本テレビで〝医者もの〟のシリーズをヒットさせていたので、またとないキャスティングだと思った。夏木は頭を短く刈り上げて、この痛快な教師を演じてくれた。彼は教師の役作りの一つとして、何をやっても絶対に生徒に負けないということを自負していた。実際、走っても、相撲をとっても、マージャンをやっても決して負けなかった。もっとも彼のマージャンは徹夜になっても彼が勝つまで止めないのだから当然の結果かも知れない。彼はまた車狂で、私もお陰でロールスロイスに乗せてもらった。松坂屋の立体駐車場に背が高すぎて入れなかったのを覚えている。気に入った車を買う時は、お金にいとめをつけない。車本体（ハーレイだったと思うが）の値段より、運賃の方が高いというのに、わざわざ本場イギリスから直接買い求めたこともあった。とにかく車には目が無い。

教師の方は校長に十朱久雄、教頭に山茶花究、夏木の味方をしてくれる『坊っちゃん』の山嵐的教師に加東大介、そして、諸悪の根源・町のボスに平田昭彦、夏木の下宿の植源夫婦に宮口精二と賀原夏子、生徒の父兄に名古屋章、菅井きん、三遊亭小金馬とテレビとは思えない豪華なキャストが組めた。

しかし、肝心の生徒役のキャスティングには苦労した。それまで、テレビの生徒役は若く見える大人の役者が演じていたが、われわれは、高校生役は本当の高校生に演じてもらおうというのが最初からの方針だった。そして、児童劇団を当たりまくったのだが、女生徒の方はまだしも、男生徒の方は受験があり、学校の方が忙しくて、とても長期の仕事は受けられないという。困り果てていたとき、丁度撮影が終了した岡本喜八監督の『血と砂』という作品に大勢の高校生が出演しているとの情報が入って来た。早速に、岡本組のスタッフルームを訪ねると、そこは高校生役者の宝庫だった。その中には、初代凸凹コンビの凸の方、木村豊幸や後にアクターズ・プロをひきいていた阿知波信介などがいた。こうして初代凸凹コンビ木村豊幸と矢野間啓二が決まった。彼らを紹介してくれた人物も、当時岡本組のチーフ助監督で、後に名プロデューサーと呼ばれた田中寿一であった。これで生徒役も揃ったと一安心したのだが、撮影を開始してみると、今度は女生徒役の方に問題が起きた。面接の時は「高校生です」と言ったのに、実際には義務教育の中学生だった子がいて、また一悶着起きてしまった。岡田可愛、水沢有美といった少女たちだ。

また当時の笑えない現実を一つ披露したい。このシリーズをスタートした時は、まだ一時間もののドラマを作ったことが無かったので、作品を一定の時間内におさめるなどということは不可能であるという認識にたっていた。そのため、一本一本の長さが違い、予告編とか、局からのお知らせで時間を調節して放送していた。ところが、番組がヒットしてしまったために、再放送をするということになって大混乱を引き起こしてしまった。一本一本なにか埋め草を用意しなければならないのだ。それならば、最初から多少苦労でも、時間を合わせておかなければならないということになった。今では考えられない事態だが、こういうことを経験しながら、今日のような形が出来上がって来たのだ。

前に、この時代はすべてアフレコだったと書いたが、初めて同時録音を採用したのも、この作品だ。昭和40年の8月にこの番組の制作を始め、丁度5カ月がたち、年の瀬も押し迫ったとき、坊さん役で出演していた三井弘次が手がしびれるという奇病にかかり、どうしても年内に手術をしなければならないと言って来た。この話の撮影は年末までかかるので、画の撮影は出来るが、アフレコまでは終えることが出来ない。正月休みが終わってからでは放送に間に合わない。そこで、苦肉の策で同時録音にしようということになった。幸い、撮影場所がお寺の境内ということで、静かな場所だったので、この時は上手くいった。しかし、同時録音用の機材があるわけではなく、いままでの機材のままで同時録音をするわけだから大変だった。それまでどうして同時録音が出来なかったかというと、カメラの回る音が意外と大きく、これをマイクが拾ってしまうからだった。35ミリの撮影機には、この音が外に漏れないような仕掛けがしてあるのだが、16ミリの撮影機にはそんな装置は無かった。そこで、カメラに布団を被せて、カメラの回転の音を防ごうと考えた。完全ではなかったが、カメラマンがいちいち布団を被らなければならないという不便を我慢すればなんとかなった。これが、テレビ映画も同時録音になったいきさつである。災い転じて福となった。初めのうちは、冬で寒かったので、カメラマンも暖かくていいなどと言っていたが、だんだん暑くなってくると蒸し風呂に入っているような始末で、苦痛にかわった。先生と生徒が静かな公園で話をしている場面で、「静かだね。虫の鳴声しか聞こえない」というセリフがあったが、実際には「ガー」というカメラの回転の音が入っていたので、視聴者から、「ちっとも静かじゃないじゃないか」と投書をもらってしまった。

この〝青春シリーズ〟にとって、重要な役割を果たしてくれた一人に、いずみたくがいる。彼は、昭和40年代の東宝の〝青春テレビシリーズ〟全6本総ての作品の音楽

夏木陽介を中心に合宿中の森山高校ラグビー部のメンバー。
教師と生徒が同じ釜の飯を喰う——このイメージが番組の人気に繫がった

『これが青春だ』のEPジャケット。
真中に学生服を着た布施明がいる

を担当してくれた。布施明の「若い明日」「貴様と俺」「これが青春だ」、青い三角定規の「太陽がくれた季節」、いずみたく・シンガーズの「帰らざる日のために」、そして大ヒットを飛ばし、中村雅俊をスターダムに乗せてくれた「ふれあい」と。いずれも、いまだに「懐メロ」として唄われている。このシリーズの主題歌、挿入歌がヒットしたのは、曲の良さもあったが、チーフ監督の松森健の発案で、一番盛り上がった場面に主題歌や挿入歌をBGMとして流したことにもよる。今では色々なテレビドラマでこの手法が使われているが、当時にあっては珍しかった。一番感情の高揚した時点で流れてくるので、視聴者に与えるインパクトも強く、レコードの販促にも大変役に立ったわけだ。布施明も、当時はまだ新人で、レコードのジャケットでは、われわれの番組の高校生役の連中と共に、学生服を着て飛び跳ねるパフォーマンスを見せてくれた。

この『青春とはなんだ』は、布施明を始め、岡田可愛、土田早苗、水沢有美、音無美紀子、寺田農、樋浦勉、酒井和歌子など多くの新人を生んだ。私もその中の一人かも知れない。大学を出て、ただ映画が好きだというだけでテレビ局に入社した私は、この番組に出会うまで、ドラマのドの字も知らなかった。偉そうに〝局プロ〟として番組を企画し、制作していたが、実のところまだ右も左も分からない新人だったのだ。

今思うと非常に恥ずかしい。しかし、面白いドラマを作りたいと、誰よりも夢中になって、朝から晩までそこら中を駆けずり回っていたのは事実だ。今振り返っても、よくもあんなに形振りかまわず仕事に熱中していたものだと、自分でもあきれる。この作品の中で高校生たちがおくっている〝青春〟を私自身も体験し、第二の青春を楽しんでいたのだ。私ばかりではない。この時、監督始め、スタッフも、キャストも全員、それぞれの〝青春〟を味わっていたのだ。だからこそ、『青春とはなんだ』という番組がヒットし、それに続く〝青春シリーズ〟が、多くの視聴者の心を打つことが出来たのだと思う。今になって、よくあの頃の視聴者に言われる。「あの時の青春ドラマで、〝青春〟を体験し、これからの人生を学びました」と。こんな嬉しいことはない。

視聴率は悪くない

『青春とはなんだ』の放送時間帯は、日曜日夜8時で、裏番組が当時難攻不落と言われていたNHKのお化け番組『大河ドラマ・源義経』だった。そのため、われわれは〝打倒義経〟でスタートしたが、私自身まさか『源義経』に勝てるとは思っていなかった。それが番組を開始して4カ月、視聴率で、じわじわとその差を縮め、遂に逆転してしまった。この時の驚きと嬉しさはいまだに忘れられない。2月のある日、この

〝義経撃破〟の記念パーティを番組のスタッフ・キャストが集まって、銀座の中華料理店で催した。高校生役の出演者たちは、嬉しさを全身で表し、矢野間啓二のセミプロ・バンドの演奏で踊りまくった。われわれ大人組も、乾杯、乾杯と杯を重ねて、「勝利の美酒」に酔った。すると突然、制服を着た巡査が「責任者は誰か」と凄い剣幕で怒鳴り込んできた。高校生が酒を飲んで騒いでいると、通行人からの通報があったと言うのだ。このパーティは宣伝も兼ねて新聞記者も呼んでいたので、高校生役の出演者は、全員学生服の衣装を着ていた。そのため、このような誤解を受けたらしい。実はこのパーティはこれこれ然々(しかじか)で、お酒を飲んでいるのは、高校生の服を着ていても、もう成人している——高校生役の役者の大部分は現実の高校生だったが、中に数人の成人した役者もいた——と説明したが、なかなか許してくれない。巡査と話している最中にも、次々と真っ赤な顔をした高校生がからんでくるのだから——本当のところは、未成年の高校生タレントも飲んでいたかも知れない——巡査が引き下がらないのももっともな話だった。長時間の押し問答の末、「明日交番へ来なさい」ということで、何とかその場を凌いだが、やっぱり少しはしゃぎ過ぎだったかも知れない。

しかし、この時、私は凄く大きなことを学んだ。それは、視聴率を取ることの嬉しさ、素晴らしさを知ったことだ。この時以来、私は視聴率の鬼になった。何が何でも視聴率。視聴率の取れない番組は絶対に作りたくない。根っからの視聴率人間になってしまった。後年、PTAの役員の方々から、視聴率がすっかり悪玉にされた時にも、絶対に視聴率は悪くないと、視聴率の弁明に努めた。まだ若かった頃、仲の良かった倉本聡の番組と裏表の関係になった時も、倉本は「賞」を取り、私は「視聴率」を取ると共存共栄を唱えた。もっとも現在、倉本は「賞」と「視聴率」の両方を取ってしまい、私には何も残らなくなってしまったが……。

『これが青春だ』

『青春とはなんだ』と問いかけて、『これが青春だ』と答えた。安易な題名作りと非難されたが、私にしてみたら、一年間〝青春とは？〟と考え続けた結果、次には私なりの〝青春ドラマ〟を制作してみたいと思ったので、極めて的を射た題名だった。

『青春とはなんだ』は古くから伝わる因習の打破とか、体育館の建設にまつわる不正を糺すとか、受験勉強一辺倒の教育方針を変革しようとか、学園外のドラマもあったが、『これが青春だ』では監修者の千葉泰樹監督が挿入歌「貴様と俺」（どろんこ苦行はなんのため、勝って帰らにゃ男じゃない）からとった発案で、「どろんこ紳士」というテーマを前面に打ち出し、殆ど学園内のドラマとした。それを受けて、メインライタ

『これが青春だ』（1966-67）出演者
竜雷太　結城美栄子　岡田可愛
弓恵子　柏木由紀子　北島マヤ
他

ーの須崎勝弥が、第7話で「サッカーは女の子にもてる為のスポーツじゃないんだ。カッコよくやろうなんて思っている奴は今すぐ止めちまえ！　どろんこ修行をみっちりたたき込んでやる」というセリフを書いてくれた。若者なら、何にでも恐れず目の前の難問に全力を尽くして突っ込んで行け、ただし、紳士であれ！　というのだ。この作品では、『青春とはなんだ』から一歩進み、教師が生徒を導いて行く様を、生徒の成長ドラマとして作りあげようと考えたのだ。このころ倉本聡と仕事を一緒にしていたが、氏も「このドラマは教訓的過ぎる」などと文句を言いながらも、第12話で、「信じてだまされた！　何が恥ずかしい！　恥ずべきは最初から信じない奴、信じようとしない奴だ！　そんな奴は若者の名前に恥じる」とカッコ良く書いてくれた。

このようにテーマと話の運び方は、はっきりと違うのだが、『これが青春だ』は、『青春とはなんだ』と同じような〝学園もの〟の設定なので、『青春とはなんだ』の原作者の石原慎太郎の逗子のお宅にお邪魔して、「今度の作品はオリジナルでいきたいのですが……」と恐る恐る尋ねた。すると、案ずるより産むが易しで、簡単にＯＫしてくれた。「面白い番組を作ってよ」と励ましてもくれた。家の持ち主が好意的に接してくれたから言うのではないが、石原邸はすばらしかった。私は東宝のプロデューサーと自分の車で訪ねたのだが、石原邸は山の上にあり、細い急坂を登っていかなければならなかった。帰りはこの坂をバックで降りなければならないのかと恐怖に捉われながら、おんぼろ車で、エンジンを一杯にふかし、喘ぎながら登った。ところが、石原邸の玄関につくと、そこには広い車廻しがついていて、私の心配も取り越し苦労だった。奥様に案内されて、客間に通ると、窓下に逗子の町が一望出来る素晴らしい眺望が開けていた。そこからは望遠鏡で、葉山マリーナに係留されている氏のヨットが良く見えていた。「ここから俺のヨットにいたずらする奴を見張ってるんだよ」と氏は嬉しそうに言われた。これから作り出そうとしている番組に、こんな豪華な邸宅を登場させることは出来ないが、せめて、この時、氏が抱いていた「夢」とか「心の余裕」といったものを盛り込みたいと思った。

テレビは新人を歓迎する

『これが青春だ』の企画は、『青春とはなんだ』と同じく、夏木陽介主演で着々と準備が進んでいた。最終的な仕上げの段階で、日本テレビの箱根の寮に監修の千葉監督

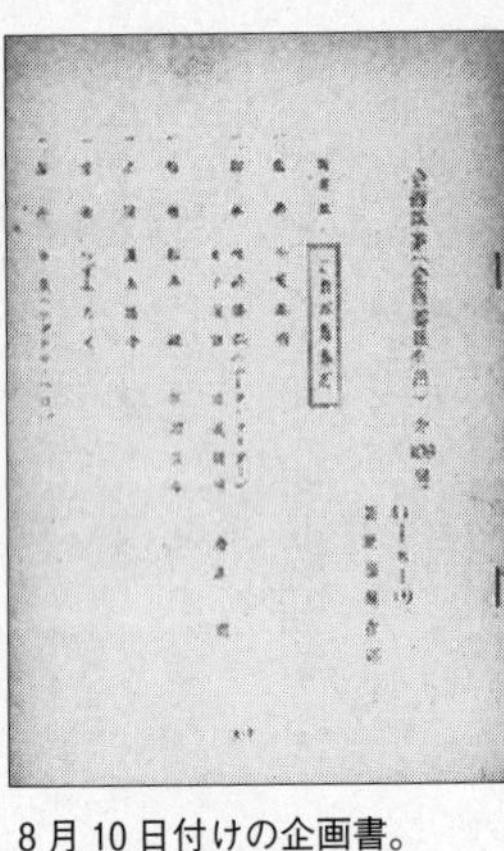

8月10日付けの企画書。
まだ、夏木陽介の名前がある

をはじめ、脚本家の井手俊郎、須崎勝弥、田波靖男などに集まってもらった。温泉に浸かり、夕食を済ませ、いよいよ企画内容を検討しようとした時、私の上司から突然電話が入って、夏木陽介が木下恵介監督の作品に出ることになったので出演出来なくなったと言う。当時、夏木は東宝撮影所の専属俳優だった。東宝としても、拝み倒して東宝に迎えた木下恵介に夏木を指名されては、どうしようもないというのが実情だった。それにしても、クランクインを1カ月後にひかえて（8月10日付けの日本テレビの最終決定を審議する「企画審議会用の企画書」に、まだ夏木陽介の名前が載っている）の主役の出演拒否が通ったということは、映画に比べてテレビの地位がいかに低かったかを物語っている。

　この電話の後、しばらくの間は、全員声も出なかった。夏木が出演出来ないのでは、この企画は没になる。誰もがそう思ったからだ。しかし、正義感の強い情熱家の須崎師匠が、その沈黙を破るように「前作が成功したのは、役者だけの手柄じゃない。俺たちが書いた脚本の力も大きかった筈だ。俺たちが頑張るから、このシリーズを続けよう」と力強く言い出された。続いて、井手が、「ドラマは脚本の力で、良くも悪くもなるんだ。やってみようよ」と結論を出してくれた。夏木の出演がNGになったおかげで、脚本家の結束が固まった訳だ。この日の会合は、感動的なものだった。私も脚本家諸氏の気迫に体が熱くなるのを覚えた。その時は、悲壮な覚悟だったが、後になってみると、この時の経験が私の〝物作りの原点〟になったような気がする。夜遅く、心配して東京から駆けつけて来てくれた私の上司も「みなさんがその気ならやって見ましょう。日本テレビの方は私が責任をもって説得します」と言ってくれた。

この時は、私もまだ若く恐いもの知らずだったので、その場の勢いに乗せられてやる気になったのだが、やはり現実は厳しかった。私の上司は会社中からサンドバッグのように叩かれてしまったし、私も「東宝に騙されたバカなプロデューサー」と非難された。そればかりではない。クランクイン1カ月前の時点では、日曜日の8時のようなゴールデンタイムの真ん中の時間帯に放送される番組の主役を演じてくれるような〝格〟を持った役者は、もうどこかの番組に決まってしまって捉まらない。代役が見つからないのだ。

窮すれば何とかで、私はふと前年に私が担当した『新・新三等重役』という番組でセリフが一言しかなかったが、ちょっと存在感のある体の大きな役者がいたのを思い出した。あとで竜雷太と芸名をつけた長谷川龍男である。藁をも摑めの心境で、早速に東宝テレビ部の応接室に彼を呼び、その経歴を尋ねた。電通のアナウンスアカデミーという養成所を出て、松竹の俳優部に属していたが、そこに教えに来ていたパントマイムの教師を頼ってアメリカに留学して、帰って来たばかりだという。感じのいい青年だった。アメリカ帰りというのも、今回の企画の主人公の設定に合うし、キャラクターもわれわれがイメージしていた主役の青年教師にマッチしていた。その上、彼が熱っぽく語った「演技論」によると、「役者はセリフだけで芝居をしようと思ってはいけない。肉体全体を使って表現しなければいけない」ということだった。この考え方にも共感した。後に彼は「俺は肉体俳優だ！」と誇らしく自慢している。今でこそ、新人を主役に抜擢することがよくあるが、当時にはそんな例は珍しかった。非常に勇気のいる決断だったが、千葉監督も「彼なら行けるだろう」と高く評価してくれたので、彼を新番組の主役に据えることにした。

役者は決まったし、日本テレビ側も、私の上司の懸命な説得で、「スポンサーさえ納得してくれたらいいよ」というところまで軟化してくれた。もう私の番組は諦めていて、「どうせスポンサーは断ってくる。そうしたら歌番組でも組めばいい」と思っ

長谷川龍男こと竜雷太。この後、岡田晋吉作品には欠かせない男優のひとりとなる

ていたのかも知れない。私は悲壮な覚悟で、この枠の半分を買ってくれている「大正製薬」にことの次第を正直に告げ、何とかこの新人でやらせて欲しいと願い出た。これが通らなければ、辞表を出すか、配転させられるかのどちらかなので必死だった。

この時、大正製薬の宣伝を仕切っておられたのが、ドラマのことをよく理解しておられた田中専務だったことは、私も運が良かった。田中専務は、私の無我夢中の企画説明を聞き終わると、一言、「千葉監督は何と言っておられるんだい」と言われた。私は、「千葉監督は、〝この青年で勝算がある〟と言われております」と答えた。すると田中専務はニコリとされて、「それじゃ提供をさせてもらいましょう。頑張って下さい」と言われた。田中専務は、ドラマの成否は出演俳優だけでなく、脚本家や、監督の手腕も重要な要素になっていることを理解して下さっていたのだ。私にとっては、一瞬耳を疑うような田中専務の言葉だったが、涙が出るほど嬉しかった。多分、目にうっすらと涙がにじんでいたのではないかと思う。そんな私を励ますように、「岡田さん、男は良い人を選んでくるけど、女優さんを選ぶのはへただから、女優さんは私が選んであげるよ」と冗談をいわれた。田中専務の温かさが身に沁みた。

私は、早速スタッフルームに戻り、この時の企画説明の模様を詳しくスタッフ全員に語ると、全員の目が輝いてきた。「やりましょう！　岡田さん。必ずヒットさせますよ」絶対に田中専務に恥をかかせてはいけないと思った。

大正製薬の了解を頂くと、今度はその他の共同スポンサーの了解を得る作業に取り掛かった。最もこの作業は比較的楽だった。いずれも「大正さんがそこまで言うならいいですよ」と簡単にＯＫしてくれた。この番組には大阪のスポンサーもついていた。東宝のプロデューサーとともに大阪まで企画説明に出掛けた。その帰りの列車の中で、新人を売り出すのに、その新人の名前が「長谷川龍男」ではちょっと頼りない。「なにかパンチのある芸名をつけたい」と、私と東宝のプロデューサーの間で意見が一致した。

どうせ、東京までたっぷり時間があるのだから、ゆっくり考えよう、ということになり、スポンサーに持って行った企画書の裏に、いくつもの芸名を並べて書いた。しかし、どうしても良い案が出て来ない。そのうちに列車は品川の駅を通過してしまい、もう面倒臭いから、ドラマの役名の「大岩雷太」をもらってしまおうということになってしまった。

あくる日、長谷川龍男を呼んで、芸名を「大岩雷太」にしたい、と告げると、意外な事に、彼はもの凄く抵抗した。芸名といえども親から貰った名前を変えるのは嫌だというのだ。新人のくせに生意気な男だと思ったが、アメリカ帰り故の自己主張の強さと理解し、一晩辛抱強く説得にかかった。しかし、彼の頑固さは尋常ではなく、どうしてもわれわれの言うことを聞いてくれない。仕方がないので、「それじゃ、本名の中から、一字「龍」という字をとって、「龍雷太」「竜雷太」にしよう」ということで、しぶしぶ納得させた。それでも彼は、「このシリーズが終わったら、もとの本名に戻していいですか」と自分の意思にこだわった。竜とはそれ以来随分と長い付き合いになるが、私は一度言い出したら絶対に引かない彼のこの「こだわり」が好きだ。この「こだわり」があったからこそ、役者としてここまでやって来れたのだと思う。田中専務の一言で、一応関係者全員の了解を得て、『これが青春だ』はスタートすることになった。脚本は須崎師匠の素晴らしくスケールの大きい、さすがと思われる上がりで、ロケ場所も伊豆の須崎にきまった。後は、主役の竜を〝どう売り込むか〟であった。これまでの竜は、バイプレイヤーの立場だったので、現場でどうしても遠慮してしまう。しかし、今回は主役として出演するわけだから、堂々としていて欲しい。生徒役の連中は『青春とはなんだ』でもう一年間現場を経験して自信を持っているので、先生が現場でもたもたしたりすると、バカにされてしまう。夏木が竜に言いおいていったことも、「生徒たちには弱みを見せるな！　何をやっても負けてはいけない。セリフを間違えたり、忘れたりしないことはもちろん、仕事を離れても、疲れた顔を見せない、マージャンでも負けない、競馬でも二つに一つは当てる……」であった。要するに、画面上でも、私生活でも〝英雄〟でなければいけないと言うのだ。そこで、私は、竜に「これからは、君が一番偉いのだ。君の動向一つにスタッフ80名の生活がかかっているんだ」とプレッシャーをかけた。当時、テレビを扱う雑誌は『平凡』と『明星』しかなかったが、そこへ黒塗りのハイヤーで乗り付けて、話題の中心に置き、取材写真を大量に撮らせた。昼飯はいつも一流ホテルのレストランでとるようにし、車に乗る時、部屋に入る時など常に彼を一番先にすることにした。初めは慣れないので、彼も戸惑っていたが、いつとはなしにそんな行動を自然にとれるようになった。スターになるのも楽ではない。

何日も彼と行動を共にしていると、彼の真面目さ、律儀さは分かったが、彼にはまだマネージャーがついていなかったので、彼の実生活は謎に包まれていた。彼女がいるということは彼から聞いていたが、同棲しているのか、どんな彼女なのか？　池袋の先のアパートに住んでいると聞いたが、どんなところなのか、番組の主役に決めたけれども、途中で逃げ出されたらどうするのか、そんなことを考えていくと、だんだん心配になって来た。そこで、私と東宝のプロデューサーとで、彼のアパートを見に行くことになった。彼のアパートは想像していたのとは違い、男一人住まいなのに実に小奇麗にしていた。食堂の壁にはひと月のスケジュールが事細かに書きこまれていた。これなら大丈夫とひと安心した。

次なる心配は、彼が萎縮せずに、脚本にあるようなスケールの大きい芝居をしてくれるかだった。第1話を撮ってくれた、この作品のメーン監督の高瀬監督の発案で、セットより、伊豆のロケの方がのびのび出来るだろうということになり、竜のファースト・カットは、伊豆の民宿の一室で、大岩雷太を名乗る芝居から始めることにした。私も心配で、伊豆まで出掛けた。私だけでなくスタッフ全員が不安を抱いていた。しかし、竜はそんなわれわれの心配をどこふく風と、あざやかにその場面を乗り切ってくれた。監督の「ＯＫ！」という一際大きな声を聞くと、スタッフ全員の顔が輝き、いっせいにはつらつと動き始めた。この時の竜のひとセリフで、私はこの番組のヒットを確信した。

竜は東宝の三船敏郎以来といわれる「現場に台本を持ちこまない」という伝統もきちんと守ってくれたし、自ら率先してスタッフのなかに溶け込み、照明のライトを担いだり、出番がないのに、現場に現れてレフを当てたり、荷物運びを手伝ったりしてくれた。最初は疑心暗鬼だったスタッフもいつしか竜を自分たちの仲間と認めるようになった。それればかりか、仕事の上でも、撮影終了後の遊びの上でも、スタッフは彼のリーダーシップを認め、一目置くようになった。撮影が終わると毎晩のようにスタッフと大酒を飲んでいたが、次の朝、監督の用意・スタートの声が掛かると、大岩雷太に成りきり、落ちこぼれ生徒の良き教師の役をこなす竜の姿に、賞賛の声があがるようになった。

当時はまだこのように新人を主役に抜擢することは珍しいことだったが、私は、この竜の成功で、素材さえ良ければ新人でも充分ゴールデンの番組の主役が務まることを実感した。テレビの視聴者は、「新しいスター」をいつも待ち望んでいるのだ。この竜の例があったからこそ、後で、松田優作、中村雅俊、神田正輝、渡辺徹などを生み出すことが出来たのである。

私の方は、この新人抜擢方法で、次から次へと、多くの番組を生み出し成功し、得意になっていたが、その間にあって、挑戦している「新人」の方は大変な苦労を強いられていた。先ず、〝生活費〟の問題だが、彼らは抜擢されるまで、アルバイトの日銭で生活していて、蓄えなどない。ところが、番組が始まると、毎日朝から晩まで働かされて、アルバイトをする暇がなく、金が一銭も入って来ない。おまけに、出演料が彼らの手に渡るのは、撮影が始まって3カ月くらいたってからだ。その間、無収入になってしまう。途端に生活が出来なくなる。撮影隊の昼の弁当を貰って帰り、夜の食事としたり、友達に頭をさげて〝金〟を借りなければならない。ひどく屈辱的な気持ちを味わわされる。

次の悩みは、現場での居心地の悪さだ。彼らの実力は認めながらも、やはり新米だと思われているから、軽くみられて自尊心を傷つけられる。スタッフの方にその気がなくても、忙しい現場ではしわ寄せが彼の上に来る。朝8時に現場に呼び出されても、先輩たちの撮影が優先され、新人がカメラの前に立てるのは夕方、ということがしばしばある。しらふの時はまだ我慢しているが、酒でも入るとつい先輩たちに楯突きたくなる。そうすると、今度は「あいつは生意気だ！」と言われてしまう。極めて居心地の悪い立場に立たされてしまうのだ。

そのくせ、放送が開始されると今度は有名人になってしまい、今まで酔っ払って道路に寝ていようが、殴り合いの喧嘩をしようが、ほとんど誰も気にしなかったのがそうはいかなくなる。一番困ったのが銭湯だという。第1回の放送が終わると、途端に電車の中でもサインをねだられる。竜も銭湯に通っていたが、みんなが裸の自分を嘗め回すように見るので、お客がいなくなった夜遅くでないと風呂屋に行けない。当時の安アパートには風呂がついていなかったから、ついに悲鳴があがり、風呂付のアパートに引っ越させてくれということになった。この経験により、竜以後の新人にはギャラの前渡しと風呂付のアパートを世話することにした。

私はよく周りの人から、「新人をうまく育てますね」と言われる。そんな時、「でも潰してしまった新人も大勢いますよ」と答える。何しろ、1人の新人を選ぶ為に、100人くらいの青年と会うのだから、99人は希望を絶たれるわけで心が痛む。自分が落とした青年が、違う番組で主役の座を射止めたりするとほっとする。中には、昔、99人の中に入れてしまった俳優が、何年かが経ち、主役級の俳優に育って来たので、出演交渉に行くと、「岡田さんは私をオーディションで落としたんだから、私は必要ないでしょう」と皮肉を言われて、どうにも居たたまれない思いをしたこともある。その俳優が、オーディションに落ちたことに発奮して、大スターになってくれたのだとしたら嬉しいことだが……。

テレビの場合、連続ドラマであれば、しかもそれが半年、一年と長く続くドラマであれば、かなりの確率でスターは育つ。ただし、その俳優が、番組が終了してからも人気を保っていられるかどうかは難しい。その俳優がよほど優秀か、努力をしなければ一過性で消えてしまう。そこで、私は、第二の手立てとして、自分が売り出した新人には、もう一度機会を与えることにした。竜の場合の『東京バイパス指令』『太陽にほえろ！』がそうであり、萩原健一の『傷だらけの天使』、松田優作、中村雅俊の

『俺たちの勲章』、勝野洋の『俺たちの朝』、宮内淳の『あさひが丘の大統領』がそれに当たる。『飛び出せ！青春』の村野武範の場合は、同僚が制作していた別の枠のスタジオドラマに入れてもらって、最後の仕上げをしてもらった。みんなそれぞれ自分の道を極めてくれたので、育て甲斐があったと喜んでいる。

新人を育てていくとき、一つ困ることがある。それは、私の流儀として、新人には、他の番組への出演を一切認めていなかったので、私の番組の愛好者の中では大スターだが、私の番組を見ていない人には全く認知されないということである。そこで、私の番組に出続けながら、なおかつ私の番組を見てくれてない人たちに、その俳優の存在を知ってもらうために、彼らのレコードを出すことにした。幸い、番組の音楽を担当してくれていた、いずみたくも新人を育てることに非常に興味を持っていてくれたので、氏に曲をお願いして、竜のドーナッツ版（こういうレコードがあった）、生徒役の岡田可愛、松本めぐみ（加山雄三夫人）、矢野間啓二たちのLPをリリースした。竜のレコードはよく売れ、発売元のキングレコードから表彰を受けた。後年、たまたま竜と共演した水谷豊が、番組の打ち上げで、この曲「あの娘と暮らしたい」を歌って竜をひやかしたというエピソードもある。水谷豊は当時生徒役のゲストでこの番組に出ていた。

教壇に立つ大岩雷太。青春ドラマになくてはならないのが黒板。スーツジャケットが似合うような似合わないような……。岡田作品の主人公、共通のイメージだ

女生徒も人気だった。『これが青春だ』の大岩組のマドンナたち。左から２人目が松本めぐみ。３人目は岡田可愛

竜のレコードの成功で、その後に続く、浜畑賢吉、村野武範、森田健作、中村雅俊、小野寺昭、宮内淳、神田正輝、渡辺徹、舘ひろし、柴田恭兵などなどに番組連動のレコードを出してもらった。森田健作、舘ひろしは既に歌手としてレコード会社に所属していたが、他の面々には歌手デビューを果たしてもらうことになった。彼らの歌をドラマの一番の見せ場に流すのだから、彼らの人気も手伝っていずれもヒットした。しかし、その後も歌手として定期的にコンサートを開き、活躍しているのは中村雅俊ただ一人だ。俳優が歌手として成功するのは針の穴を通すより難しい。

こうして、スターを育てることは難しいが、成功した時の喜びには格別のものがある。まして、その成功した俳優と共に、番組の成功を祝えることは、まさに天に昇るごとき喜びだ。男冥利に尽きる瞬間である。この喜びがあったからこそ、長い間プロデューサー稼業を続けて来られたのだ。この番組『これが青春だ』の最終撮影の日、ところは伊豆の下田の先の大浜、全カットを撮影終了し、監督が「カット……OK!」というと、俳優、スタッフがいっせいに私のところに駆け寄って来て、いきなり私を担ぎ上げ、洋服を着たまま海の中まで運び、胴上げをして、海の中に放り投げた。荒っぽい洗礼だったが、いまだにこの時ほど嬉しく感動したことはない。みんな泣いていた。一年以上続いた厳しい撮影を終わり、成功して解放された喜びを爆発させたのだ。この感動を経験したがために、私は〝青春もの〟から離れられなくなってしまった。

こんな雰囲気でドラマを作っていたので、私ばかりでなく出演者、スタッフ一同全員この〝青春シリーズ〟には思い入れがあるらしい。あれからもう50年以上経つのにいまだに「青春同窓会」をやっている。この会には歴代の先生、夏木、竜、村野、中村をはじめとして、子供連れになってしまった生徒役の俳優たち、木村豊幸、矢野間啓二、岡田可愛、松本めぐみなどなど、監督、脚本家、カメラマンと殆どのスタッフ・キャストが集まり、昔話に花を咲かせ、楽しいひと時を過ごす。当時まだ現役の高校生だった少年少女たちが子供を連れて現れると、「ああ歳をとったんだな」と実感する。しかし、それにしても、大勢の当時の仲間が元気に集まってくれるのは嬉しい。

そういえば、木村と矢野間の初代凸凹コンビの人気は鰻登りに上昇していた。そんな二人を更に売り込むために、役の上の苗字を出目、金田として出目金コンビと名づけた。ちなみに、この出目という名前は、当時東宝で助監督をやられていた現在の出目昌伸監督のお名前を頂いたものである。当時は悪ふざけで、結構知人の名前を劇中の人物につけるのが流行っていた。悪い趣味だ。私もとある番組の中で、上に弱く、下に強いダメ課長の名前でフルネームを使われた。犯人は倉本聡だった。そこで私もこの番組の一番の悪人、町のボスに本倉という名前をつけた。倉本はもう有名人になっていたので、さすがに名前通りにはつけられず、さかさまにして鬱憤をはらした。

この作品では、出目金コンビの他、校長に西村晃、教頭・藤木悠、理事長・山茶花究、竜雷太の相手役に弓恵子、結城美栄子、藤山陽子、それに町の人として賀原夏子、沢村貞子、菅井きん、名古屋章などが出演してくれた。前作『青春とはなんだ』からの引き続きの出演もあり、私にとっては馴染み深い人たちばかりだった。それがチームワークの良さを生んだのだろう。

この『これが青春だ』の成功で、私は〝青春もの専門のプロデューサー〟と呼ばれるようになった。私自身も、「自分には一番〝青春もの〟が向いている」と思い、この作品以後、〝青春もの〟を作り続けている。私が日本テレビに入社し、一年目に結婚をすると、その時仲人をして下さった今日出海から、「どんなことでもいいから、とにかく、日本一になれ!」と言われた。私はテレビで〝青春もの〟を作らせたら、日本一と呼ばれるようになりたいと思った。この作品は、私にとって記念すべき作品となったのである。

『でっかい青春』

『青春とはなんだ』『これが青春だ』の成功に気を良くした私は、続いてこの番組を企画した。二年間、学校を舞台にしたドラマを続けたので、ネタが切れ、マンネリ化を恐れたために、この企画では主人公を高校の教師から、市役所の体育振興係の職員に移した。「学校」内のドラマでは、〝初恋〟〝受験〟〝友情〟といった極く狭い範囲のテーマしか扱えないが、舞台を「学校」の外に出せば、話のネタがもっと広がると思ったのだ。しかし、これは大失敗だった。二年間に渡って育てて来たわれわれの視聴者は、殆ど中・高校生だった。彼らの生活の大半は「学校」であり、「教室」でついやされるのだ。黒板のない生活には全然興味がないらしい。現在ならともかく、当時はまだ「体育振興」などというしゃれた考えは認知されていなかった。このドラマで設定した「市役所の体育振興係」という職業は新しい発想と自負していたが、とんだ誤りだった。中・高校生の視聴者は、前二作品が「学校」での身近な問題を扱っていたから見てくれていたのだ。私は

『でっかい青春』（1967-68）出演者		
竜雷太	広瀬みさ	岡田可愛
藤田進	広大谷直	中沢治夫
寺田農	広土屋靖雄	赤塚真人

この単純な理屈を忘れていた。

この番組が失敗したもう一つの原因に――かなり後になってから判ったことだが――〝青春もの〟は三年と続かないという不思議なジンクスが挙げられる。何故か〝青春もの〟を三年続けると、三年目の企画の視聴率が落ちてしまう。『青春とはなんだ』『これが青春だ』と成功が続くと、三年目の『でっかい青春』が失敗する。『おれは男だ!』『飛び出せ!青春』と高視聴率を獲得すると、次の『おこれ!男だ』が低視聴率、『俺たちの旅』『俺たちの朝』が当たれば、三本目の『俺たちの祭』がこける。本当に不思議な現象だが、〝青春もの〟は、必ずと言っていいほどヒット作品が三年と続かない。このわけを色々と考えた。その結果、それが本当に正しいかどうかは分からないが、いくつかの答えを出した。

一つ目の理由は、作り手の方が飽きてしまって、違うシチュエーションを考えたくなり、企画をひねり過ぎてしまうことだ。これは作り手として大いに反省しなければならない。視聴者は作り手より保守的で、作り手が飽きてもまだ飽きていない。これは〝青春もの〟に限らず言えることだと思う。野球でも「勝っている時は、メンバーを動かすな」という言い伝えがあるという。その通りである事を実感する。

二つ目は、視聴者側の事情である。中・高校生の視聴者は、年々肉体的にも、精神

海東市主催の市民マラソン大会で疾走中の巌雷太（竜）。
やはりスポーティーなイメージのほうがよく似合う

的にものの凄い勢いで成長していく。

一年前に興味を持ったことが、三年経つともう子供っぽいと思えるようになってしまうのだ。各人の考え方ばかりでなく、今の日本の教育制度では、三年経つと学校のグレイドが上がってしまって、中学一年で『青春とはなんだ』のファンになってくれた少年も、三年経つと高校に進学し、周りの環境がすっかり変ってしまい、われわれのドラマを卒業してしまう。それならば、次の世代の中学生をまた改めてターゲットにすればいいではないかと言われそうだが、世の中の考え方も三年が経つと、気づかない内に大きく変ってしまっている。彼らに言わせると、「三年下の下級生はもう新人類で、何を考えているのか全く分からない」という状況らしい。従って思いきった企画の変更を行わなければ、とてもついて来てくれないのだ。この年代の視聴者を相手にする番組は本当に難しい。

ちょっといい訳がましいが、そんなわけで、この番組のスタートは芳しくなかった。しかし、予定ではこの番組は一年間続けなければならない。関係者一同知恵をしぼったが、どうもうまくいかない。そんな時、上司から、「また学園ものに戻しなさい」という命令が降りて来てしまった。折角意気込んで、「学校」を離れた企画を作ったのにと、かなりの屈辱感を味わったが、上司の命令とあっては、失敗したサラリーマン・プロデューサーは何の抵抗も出来ず、主役の竜雷太扮する「市役所の体育振興係」を、町の高校の体育の先生に転職させて、舞台を「学校」に戻した。そうしたら、みるみる視聴率は回復した。この時ほど、「学園もの」の強さを感じたことはない。

『進め！青春』

『これが青春だ』『でっかい青春』と続いた竜雷太扮する教師のキャラクターが、いささか古めかしいと思えるようになったので、新しい教師像を考え出さなければならなくなった。40年代の初めの頃は、東京オリンピックを中心に、日本の景気が限界知らずで、どんどんと伸びていた。そんな時代だから、人々は〝強い者〟に憧れていた。東京オリンピックの次の年から始まった『青春とはなんだ』の野々村健介も、『これが青春だ』の大岩雷太も、『でっかい青春』の巌雷太も最初からの強い絶対者で、ぐんぐんと生徒たちを引っ張っていく教師だったから受けたのだと思う。いずれの〝先生〟も英雄だった。しかし、この番組を放送する年、昭和43年になると、その強さが嘘っぽくなって来た。初めからの英雄ではなく、普通の人間が努力して英雄に成る事の方がリアリティがあり、望まれる時代となって来たのだ。そもそも〝青春ドラマ〟というものは、主人公の成長過程を描くものなのだが、これまでの〝先生〟は、初めから完全無欠なので成長の仕様がなかった。成長するのは、生徒たちの方だった。そこで今回は、先生の〝成長ドラマ〟を作ろうと思った。先生の年齢を思い切ってさげて、当時「劇団四季」で売り出し中の新人、浜畑賢吉を抜擢することにした。第1話の登場シーンも、彼に学生服を着せて、その若さを強調した。あだ名も「ナポレオン先生」、「青年の辞書に不可能なことはない」と豪語させた。実際、浜畑は努力家だったし、強靭な肉体を持っていて、何でも挑戦すれば出来ないことはないと思わせるような人物だった。

『進め！青春』（1968）出演者
浜畑賢吉　亀井光代　大谷直
東野英治郎　中沢治夫　他

生徒たちが本気で彼の腹を殴っても平気な顔をしていて、かえって生徒たちが手を痛がるのを面白がっていた。こんなことが生徒役の俳優たちの尊敬を受け、撮影隊のチームワークを作り出してくれた。この作品は、不運にも、スタートでオリンピックの放送とぶつかり、余り良い結果を残せなかったが、浜畑はよほどこの番組の撮影が楽しかったとみえ、今でも前述の「青春同窓会」の音頭をとっていてくれる。

この番組は、テレビ映画として、初めて16ミリカラーフィルムで撮影された記念すべき作品だ。スタジオカメラで撮られたものや、外国製テレビ映画では、もう随分前からカラー作品が生まれていたが、16ミリのカラーカメラが活動したのはこの時が初めてだった。この当時のカラー化の作業は良くデジタル化の作業と比較される。テレビ局はカラー化のために、設備投資をしなければならなかったし、視聴者も受像機を買い変えなければならなかった。しかし、この作業は思ったよりスムーズに行われた。当時、景気が良かったこともあるが、何よりカラーテレビに魅力があったからであろう。スポンサーもカラー化のメリットを充分理解してくれた。おまけに、カラーで送信されたものを、従来の白黒テレビでも見る事が出来たので、カラー受像機を買えない人も見る事が出来た。

しかし、デジタル放送が始まると、従来のテレビでは全く見ることが出来なくなってしまう。この点がカラー化と、デジタル化では根本的に違う。ソフトの方も、白黒からカラーになれば質が上がるが、デジタル化してどれだけソフトの価値が上がるか疑問である。確かにニュース、情報番組では便利になるかも知れない。しかし、ドラマの世界ではたいしたメリットを感じない。むしろ設備化にお金が掛かった分や、チャンネルが増えてスポンサー収入が減る分、制作費が削減され、確実に質は下がる。潤沢な制作費予算を持つ地上波テレビに対して、後発で、予算の乏しいBSもCSも苦戦している。これは、BSにも、CSにも魅力的なソフトがないからだ。あまりにも急ぎすぎたハード中心のデジタル化が今日の混乱をもたらしているのだと思う。どうも時の行政官たちは、ハードの面だけに気を取られすぎている。次から次へと新しい発明があり、それを利用しようと考え過ぎたのだ。視聴者はテレビのハードを楽しむのでなく、テレビのソフトを楽しむのだ。どんなに素晴らしいハードが発明されても、ソフトに魅力がなければ、視聴者はわざわざ高いお金を出してデジタル用の受像機などを買ってはくれない。この辺で、今一度〝デジタル化〟問題を根本的に再検討すべきではないだろうか。電器メーカーの受像機普及の運動に左右されることなく、やはり視聴者が面白いと思い、視聴したいと熱望する番組を作ることが、デジタル化を成功させるキーポイントになるのではないかと思う。

初期のカラー作品の話題として、一つの有名な失敗談がある。当時は、まだカラープリントの値段が高く、放送用以外のラッシュプリントはモノクロプリントを焼いていた。そのため、色のチェックが出来なかった。ある牛乳製造会社がスポンサーについている番組で、画面の奥に牛乳箱――サービスで牛乳製造会社は会社別に赤だとか青に色分けした牛乳の受け箱を各家庭に配っていた――が映っているカットがあった。しかし、小さかったし、色が付いていなかったので、見落としてしまった。ところが、放送用のプリントをカラーで焼いて見ると、その箱がスポンサーと対抗する会社の牛乳箱であることが、色ではっきり分かってしまった。放送日が迫っていて、もう取り直す暇はないし、スポンサーは絶対に困るという。仕方がないので、担当者はその牛乳箱の写っている部分を、1コマ1コマ黒のサインペンで塗りつぶしてしまった。幸い短いカットだったために目立たなかったが、画面の中に黒い虫のようなものがチラチラして視聴者から問い合わせを受けてしまった。現在ではモノクロプリントに焼く方が、カラープリントに焼くより数段値段が高くなってしまったというのに……。

ここまでが、私の制作した第一期の作品である。日本テレビはここで一旦〝青春シリーズ〟を打ち切った。私も少しずつ地盤沈下してきた〝青春シリーズ〟に新たなアイディアをつぎ込むため、ひとまずお休みとすることにした。

青春ティー・タイムⅠ

『捜査メモ』

この作品は昭和33年から34年にかけて、26本放送されたアメリカ製テレビ映画だが、ストーリーの構成がすべて犯人探しになっていた。全作品、非常にうまく出来ていて、前編に何人かの容疑者が紹介され、その中の一人が丁度番組の終わり25分過ぎに真犯人として逮捕されるという筋立てだった。そこで私は思いつきで番組の終わるまでに視聴者に犯人を当ててもらうクイズをしたらどうかと提案した。するとスポンサーだったサッポロビールの宣伝の人が、その話にすっかり乗ってくれて、「俺も手伝うからやろうよ」ということになり、その無謀なる作業を始めることになった。

先ず、番組が始まって5分くらい経った時に、「今回の作品の犯人は誰でしょう?」というテロップを流し、視聴者から25分までに（30分番組だったので）電話で回答をもらう、残りの5分の間に抽選をして、当選者を決め、その人の名前をテロップに書いて放送する。電話を受けるのも大変だったが、締め切ってからの5分がまさに戦場だった。1秒でも無駄にすると放送に穴があいてしまう。デスクで電話を受け、抽選をし、美術室に駆け込んでテロップにその人の名前を書き込んで、放送を送り出しているマスターというところに届ける。会社中駆けずり回って放送に間に合わせる訳だが、まさに数秒を争う作業だった。私のスタッフだけでは手が足りず、サッポロビールの例のスポンサー氏まで一緒になって駆けずり回ってくれた。放送を実際に送り出しているマスターというところは日本テレビの社員でなければ入れないところだったが、そんなことは言っていられない。件のスポンサー氏がテロップ片手に飛び込んだところ、「あなた誰ですか?」と誰何されて中に入れてもらえず、大騒ぎになったこともあった。当時のスポンサーとテレビ局員の関係はこんな風にざっくばらんで、一緒に番組を送り出しているという誇りと責任を共有していた。楽しかった時代である。

音合わせ

アメリカ製テレビ映画を吹き替えで放送する場合、日本語版の音は、画とは別にテープに録音していたので、画を収めている16ミリフィルムと音(セリフや効果音、BGM)を録音しているテープとをシンクロさせて放送しなければならなかった。しかし、映写機とテープレコーダーとでは、その初速(スタートしてから正規の回転に達するまで)が違う。従って、同時にスタートしたのでは、画と音が合わなくなってしまう。24コマで1秒なのだが、3コマ、8分の1秒違うと、もう口の動きがずれてしまうという世界である。しかも、今ならこの初速の誤差が殆どないと思われるが、当時はテープの性質が原因なのか、機械の動力源が弱く初速の回転数が定まらないのか、スタートしてみないと分からなかった。そこで、本番前にいちいち音合わせという作業をした。1コマ上げましょうとか、2コマ下げましょうとか、今考えると随分と非科学的な作業をしたものだ。しかし、それだけの努力をしても、放送すると、画と音が合わないときがしばしばあった。音が遅いときはどうしようもないが、音が早いときは、テープを一瞬止めて合わせた。まさに神業だった。

画と音が別々の素材で生放送されていた訳だから、掛け違いのミスというのもあった。私は、クリスマスの放送で、修道院で敬虔なお祈りをしている画面に、次週放送する筈のテープを掛けてしまい、酒場の音楽が流れてしまった。いまだに同僚たちから、この時のことをからかわれる。しかし、当時はこんな失敗をしても、始末書一枚書かずに何のお咎めもなかった。今なら、減俸の上、配置転換は当然の事だと思う。良き時代であった。

『快獣ブースカ』

昭和42年に放送され、あまり視聴率の取れなかった失敗作だが、最近になってもおもちゃ屋でよくみかける。当時の怪獣は、みんな強いもの、恐いものとして登場していたが、一本位、怪獣の喜劇があってもいいのではないかと思い企画した。今結構もてはやされているのに、当時受けなかったというのは、企画が少し早過ぎたのかもしれないが、こういう子供ものは、ひょんなことから人気が出るから面白い。この怪獣の誕生には、ちょっとしたエピソードがある。当時の私の上司がたまたま太っていたので、サラリーマン根性丸出しで、その上司をちょっとおちょくってやろうと、こんな怪獣を作り上げたのだ。ところが敵もさるもの、私の悪巧みを看破し、「君、私を可愛いと思うか！」と叱られてしまった。

この作品は市川森一のデビュー作である。登戸の連れ込み旅館にこもってシナリオの打ち合わせをしていると、隣の部屋から変な声が聞こえて来て仕事にならなかったことを思い出す。宿の人は、男ばっかりで部屋を借りたわれわれのことをどう思ったか、ちょっと心配になった。

『桃太郎侍』

昭和42年、この作品で、三船プロと初めてのお付き合いが出来た。尊敬する三船敏郎と一緒に仕事が出来ることを嬉しく思った。〝青春シリーズ〟の監督を務めてくれた高瀬監督から、三船はセリフが全部頭に入っていて、撮影現場に絶対に台本を持ちこまないという話を聞いていたし、黒澤作品の三船の存在感に惚れこんでいたからだ。確かに、三船は豪快だった。成城の三船プロの撮影所には小さな喫茶店があったが、われわれが撮影から帰ってくると、その喫茶店の真ん中に座って、「ご苦労さん」と労ってくれた。しかし、その労い方が普通ではなかった。机の上にジョニーウォーカーの黒をドンと置いて、「さあ、飲め」と勧められるのだ。当時のわれわれ安サラリーマンにとってジョニーウォーカーの黒などというものは、お正月くらいにしか拝めないものだったが、それをコップについで勧めてくれるのだ。下戸の私にはちょっと困った部分もあったが、酒飲みのスタッフたちは喜び勇んで一日の労を発散させていた。

このシリーズで、私は稲垣浩監督から素晴らしい教えを受けた。ある作品で、オールラッシュ——BGMや特殊な効果音などを入れる前の最終的なラッシュ。テレビの場合、ここで放送時間を合わせる——を見せて貰うと、いささかテンポが遅く、困り果ててしまったことがあった。その時、監修という立場で参加して下さっていた稲垣監督が、「僕に3日間だけ時間をくれないか」と言われた。放送までにまだ4、5日あったので「いいですよ。ただしもうその回の撮影隊は解散してしまいましたから、役者はいませんよ」と申し上げた。監督は「カメラマンさえいればいいよ」と。そして3日後、再びオールラッシュを見ると、すっかり驚いてしまった。見違えるほど良くなっているのだ。この3日間で監督は「刀の鍔」とか、「走る侍の足」とか、やたらと短いアップを撮りまくった。そしてそれを作品のなかに繋ぎ込んだのだ。それだけで、まるで違う作品になっている。監督は「編集の力で作品の優劣が決まってしまうのだ」ということを実際の作業の中で教えてくれた。

『剣』

昭和42年、まだテレビ映画の評価が定まっていなかった時代、電通がこの作品を持ち込んで来た。当時にあっては破格の制作費が計上されてはいたが、その脚本家の顔ぶれが豪華だった。黒澤明監督作品の脚本を担当して有名になっている菊島隆三、橋本忍、小国英雄、井手雅人の四人の日本映画を代表する脚本家が企画し、脚本を書くというものだった。私はこの作品を担当させてもらい、この先生方から多くのシナリオ学を学んだ。特に、橋本、菊島の両先生には後々もお世話になった。自分の企画したものばかりやっていると、なかなか人脈が広がっていかないが、このような番組を担当出来ると幅が広がる。

当時、私は仕事に追われ、夜おそくまで家に帰れなかった。そのため、暇を持て余した家内は「シナリオ作家協会」の国弘威雄のゼミにシナリオの勉強のために通っていた。国弘威雄は橋本忍の一番弟子だったので、この番組にも関係していて、ゼミでこの番組のシノプシスの募集が行われた。まさか当選しないだろうと思って、家内がその募集に応募したところ、当選してしまった。私は自分が担当している番組の――実際のプロデュース業務は電通のプロデューサーがやっていて、私は局の担当者に過ぎなかったが――脚本を家内に書かせたのでは、他人から何を言われるか分からないので辞退するように家内に頼んだが、師匠と相談すると、「そんな必要はない。第一俺は貴女が日テレのプロデューサーの女房であることを知らなかったんだから……」と言われたという。それではと言うことで、家内はこの番組の一本の脚本を書き、シナリオライターの仲間入りをした。しかし、その後も、この世界は噂スズメが多く、家内は私の妻であることで、日本テレビのドラマが書けず、苦労した。テレビドラマを書こうとすると、普通のシナリオライターの雇い主は、NHKを含め6局のお得意さんがあるのだが、家内には1局少なく、5局しかなくなってしまった。家内に悪いことをしたと思っている。

『お茶の間試写室』

昭和36年、この当時、映画紹介番組が流行っていて、日本テレビでもそのような番組を一本持ちたいという声があがった。私は父が映画の評論・紹介の仕事をしていたので、小さい時から「映画」とは親しんで来た。家内も外国映画の輸入会社に勤めていて、結婚する時、「映画とテレビとの結婚」と力んでいたので一番に手を挙げた。しかし、他の局がやっているような評論家がただ喋るだけの番組では嫌だった。「映画」の紹介番組なら、やはり「映画」を見せなければと思ったのだ。そこで、30分番組の内、半分の15分を「映画」のダイジェストで見せることにした。後の15分でも、「映画」の批評はなるべく避け、この「映画」は「誰が、何処で、何を言いたくて撮ったのか」に絞って解説することにした。「映画」の出来は、観客一人一人が自身で判断するものだと思ったからだ。

企画の主旨は間違ってはいなかったと思うが、やってみてこれがひどく大変なことと知った。今まで誰もやらなかったことが肯けた。まず、取り上げたい「映画」を輸入している配給会社の宣伝部に企画の説明をして、こちらが希望するプリントの一部をデュープさせてもらう。それを持ち帰って、局で編集する。こう書くと、簡単なようだが、配給会社はなかなかデュープ――抜き焼きと呼ばれていた――を認めてくれない。手間が掛かるし、いくら宣伝と言っても、著作権にかかわる（現在なら完全に許されないだろう)。そこを何とか突破しても、作品は時間の関係で、試写で一回しか見ることが出来ない。おまけに、「映画」というものは画より音が1秒余り先行している。音楽が入っているところを画で繋ぐと、音が突然出てきたり、途切れてしまったりしてしまう。編集するカットはあくまで、1秒前後、音のないところを選ばなければならない。面白い画面だけをただ繋げばいいというものではないのだ。ストップウォッチ片手に音のないカットに挟まれた面白い場面を、目を皿のようにして探した。しかもその箇所は作業の都合上、5カ所から7カ所に限定されている。よほど集中して試写を見ていないと出来ない作業だった。しかし、この作業が後で、テレビ映画のプロデュースをすることになってからとても役にたった。一回のラッシュで、一時間の殆どのカットを頭に入れることが出来るようになったのだ。これにはベテランの編集マン——実際には女性だったが——さえ驚いてくれた。さて、現像所からプリントがあがってくると、今度は編集に取り掛かる。この編集一つで「映画」の良し悪しが決まってしまうと思うと責任重大で、真剣勝負だった。つまらない編集をすれば、その配給会社はもう二度とプリントを貸してくれない。普通の「映画案内番組」なら、配給会社と喧嘩しても番組は作れるが、この番組ではそうはいかない。それに淀川さんではないが、どんな「映画」でも必ず面白いところがあり、それをアピールするの

岡田作品においては社会人ラブコメディもの（?）の元祖となった『さぼてんとマシュマロ』（71年）より。
マルベル堂のプロマイドの売り上げNo.1を記録した沖雅也と、『柔道一直線』（69年）のヒロイン・ミキッペで一躍スターになった吉沢京子の共演は当時話題になった

がわれわれの仕事と思っていたので、この仕事は面白かった反面、神経のすりへる仕事だった。

『さぼてんとマシュマロ』

昭和46年に放送されたアニメ原作の30分もので、『おれは男だ!』と共に、集英社の『セブンティーン』というアニメ週刊誌に連載されていた作品だ。作者の武田京子は石坂洋次郎に師事していたと聞いたが、構成力のしっかりした方だと思った。脚本を担当してくれたのは鎌田敏夫だったが、鎌田は井手俊郎のお弟子さんで、私の「青春もの」で飛びぬけて面白いシナリオを書いていてくれたので、彼と二人でもう一度「青春もの」を勉強してみようとこの原作と取り組んだ。この作品は、後の『飛び出せ!青春』以後の鎌田と組んだ私の〝青春シリーズ〟に非常に影響を与えてくれている。

この作品では、沖雅也と出会った。初めて沖に会ったのは、調布にある病院だった。この番組を企画しているときに、沖は、かの有名な藤田敏八監督の『八月の濡れた砂』に出演中、オートバイを走らせるシーンで事故を起こし、右腕を骨折していたのだ(面白いもので、この映画の沖の代役が一年後、『飛び出せ!青春』で主役を務めた村野武範だった)。私はそんな沖が、この作品の主役をこなせるかどうかを見極めるために病院に出掛けた。沖はベッドの上で手をぐるぐる廻して、「もう大丈夫です」と微笑んでくれたが、担当医に病状を訊ねると、「とても出演は無理でしょう。第一クランクインしてもギプスは取れませんよ」と言われてしまった。私の前で見せた手をぐるぐる廻したパフォーマンスも、かなりの痛さを我慢してのことだったと思う。まだ若い先のある役者なので、ここで無理をさせて潰してしまったら可哀そうだし、作品としても主役が片手しか動かないのでは――第1話のファーストシークェンスが「うさぎが逃げ出して、それを追いかける」というものだった――役をこなせないのではないかと悩んだ。しかし、とにかく彼は人気ものだったし、役を欲しがる執念に感嘆したので、よし賭けてみるかということになった。確かに初めの内はぎごちなかったが、話が進むに連れ、怪我も回復して、予定どおり2クールを完投してくれた。それ以来、私は、彼の生涯最後まで〝良き友〟としての関係を保った。彼の最後は悲劇に終わってしまい、非常に残念だったが、彼が自殺を選んだ気持ちも分かるような気がする。彼は思い詰める性格で、いい加減に生きるということが出来ない人間だった。ナルシストでもあった。年齢と共に衰えて行く――われわれ周囲はぜんぜんそんな事は思わなかったが――自分の容姿に耐えられなかったのだと思う。30歳になったら30

歳の、40歳になったら40歳の美しさはあったはずなのに、残念だった。彼は、私がドラマを作る上で、どうしても必要な役者だったのに……。

たかが視聴率、されど視聴率

テレビに関係する人なら誰でも「視聴率」のことを気にする。「視聴率」に怯え、「視聴率」に歓喜する毎日を送っているのだ。しかし、「視聴率」というものに、果してそれだけの価値があるのか？ と問いかけたくなる。この当時、視聴率の調査機関に、ニールセンとビデオ・リサーチという二つの会社があった。「視聴率」が正確のものであるなら、両調査の数字が一致する筈である。ところがなかなかそうはいかない。「時代劇」と「青春もの」ではとくにその違いが大きかった。サンプルの取り方が、一方は年齢層の高い方に偏り、他方は低い方に重点がおかれているので起こる現象だった。両調査会社に質問状を出すと、「視聴率には上下3％位の誤差がある。高い方の数字から3％を引いたものと、低い方の数字に3％を足したものが、クロスしていれば、これは誤差範囲である」という回答が返って来た。15％と9％の数字でも、両方正しいというのだ。しかし、われわれ番組を作っている身になると、この差は大きい。15％なら成功の部類で番組は継続されるが、9％では打ち切られてしまう。

もっとも、この誤差が有難いこともある。スポンサーに報告する時に高い方の視聴率データで説明するのだ。

今は余り無いことだが、この頃は「停波」という現象が良く起きた。ブラウン管が真っ黒になって何も映らなくなってしまうのだ。しかし、その「停波」の状況でも3%くらいは取れた。視聴者は、いつ画面が戻ってくるかの興味でチャンネルを替えなかったのか、ながら族でテレビをつけっぱなしにしていたのだろう。低い視聴率しか取れないと、上司から「何も映ってなくても3%はとれるんだぞ!」と叱られた。また、ゴールデンタイムの一次放送より、昼間とか深夜に放送される二次放送の方が「視聴率」が高かったりすると、良く叱られた。私の場合、『傷だらけの天使』や『いろはの〝い〟』がその番組に当たる。普段は、「一度しか放送出来ないような低視聴率番組を作るな!」と言っておきながら、それはないだろうと思った。

テレビプロデューサーは「視聴率」の高い低いで一喜一憂するが、「視聴率」とはこの程度のものなのだから、「視聴率」に振り回されて悪徳番組を作るより、自分の制作意欲の趣くままの作品を作って貰いたいと思う。

『氷点』

日本テレビで放送されたものでもないのに、なぜこの番組がここに登場するのか疑問に思われる方が居られるかも知れないが、私の失敗談としてこの稿を読んでもらいたい。この作品は、朝日新聞の懸賞募集によって登場したもので、私は毎日連載されているその小説を読み、まだ連載が終わらないうちにテレビ化したい旨を朝日新聞社に申し入れた。その時点ではまだ何処からもオファーが来ていなかったので、新聞社側は喜んで内諾を与えてくれた。実は、この懸賞募集の審査委員長が今日出海だったので、そちらの線からもプッシュしてもらっていたのだ。今日出海とは、私の父が旧制高校で同クラス、私が次女と大学で同級ということで、大変親しくしていただいていた。新聞社からの返事を抱いて早速に今家に報告に行くと、「俺がアドバイザーをやっているスポンサーに売り込んでやる」と大層喜んで下さった。主役には新珠三千代がいいというところまで話が弾んだ。

ところがそれからしばらくして、突然、新聞社の方から電話があり、「この前の話は無かったことにしてくれ」と言われてしまった。どうして急に考えが変ったのかと問い詰めると、その新聞社と関係の深いテレビ局がこの原作を取り上げたいと申し込んできたので、上層部同士の話でそうなってしまったと、いかにも申し訳ないといった口調で謝りを入れて来た。私も、テレビ界で10年も働いていたので、その位の事情は飲み込めた。まあ仕方ないかと諦めたのだが、その後で、主役が新珠三千代と聞いて、俄然腹が立ってきた。今家で、新珠でいこうと決めてから、新珠家に何回か通ってやっと口説き落としたばかりだったので、トンビにあぶらげをさらわれたような気がしたのだ。

私はどうしても気持ちがおさまらず、新珠家へ「氷点の主役の話は降りて下さい」と電話をした。新珠の答えは、「私は女優です。やりたい役があって、その役の話がくれば受けます」というものだった。冷静に考えれば当然なことだが、カッとしていた私は絶縁を宣言してしまった。しかし、この喧嘩は私の負けだった。この時から10年近く、新珠と仕事が出来なくなってしまったからだ。これからの若いプロデューサーに忠告する。プロデューサーという職業を選んだ以上、絶対に相手と喧嘩をしてはいけない。どんなに理不尽な目に遭わされようと、どんなに屈辱感を味わわされようと、「よかったですね。頑張って下さい」と笑って言えるような修行を積まなければならないのだ。そうすれば、相手もいつか必ずお返しをしてくれる。その時を楽しみに怒りを静めるのだ。次の日に朝日新聞の購読を打ち切った私には到底出来ないことだけれども……。

第弐章

青春の輝き

『おれは男だ！』

昭和40年初頭から始めていた先生を中心にした〝学園ドラマ〟がいささか暗礁に乗り上げ、しばらく休んでいた私のところに、前から付き合いのあった松竹のプロデューサーが、『セブンティーン』という女子中・高校生向きのマンガ雑誌に、私がやっていた「学園もの」と同じようなものが載っているという情報を持って来てくれた。『セブンティーン』には、〝青春シリーズ〟で、毎日のように取材を受け、馴染みになっていた記者がいたので、早速問い合わせてみると、「その作品は現役の高校生の津雲むつみという少女が書いたもので、大変評判になっている」ということだった。本屋で買い求めて——隣の女子高校生からジロっとみられて、一寸恥かしかったが——読んで見るとなかなか面白い。高校生がこんな作品を書くのかと大変驚かされたが、なにしろ現役の高校生が書いたものなのでリアリティがある。これはいけると思った。

話を持ち込んで来てくれた松竹のプロデューサーは、「松竹には丁度森田健作というのがいます。年はもう20歳を過ぎていますが、充分高校生に見えます」と言ってきた。森田のことは、松竹映画『夕月』で悲劇の死をとげる若いボクサー役で評判になっていたので（不思議な縁だが、この映画の制作に石原プロがかんでいた）、主役は森田健作にあっさり決まった。というより、松竹は森田の企画を探していて、この原作を見つけ出したらしい。

話の内容は、当時〝女性〟の力がどんどん強くなってきて、それを揶揄して面白がっている時代だったので、その流れの中で、〝強い女〟に対抗して、かつての〝男の権力〟を取り戻そうとする勇ましい高校生の話だった。舞台はもと女子だけの学校だったものが、文部省の働きかけで、男女共学の学校に生まれ変わったばかりの高校だった。従って、女子生徒の人数の方が圧倒的に多く、男子生徒は小さくなっていなければならなかった。そこへ乗り込んだ森田健作扮する剣道部のキャプテン小林弘二が〝おれは男だ！〟と叫んだのだ。彼に対抗する女生徒代表はバトントワラーに扮する早瀬久美だった。この二人の対決がうけたのである。

森田健作はまさにこの企画のために生まれて来たと思われるほど、ぴったりだった。このドラマの主人公のように、剣道を嗜んでいたし、正義漢であり、熱血漢だった。余りにも本人とアニメのなかの主人公の性格が似ていたので、森田はずっと後までこの役になりき

『おれは男だ！』（1971-72）出演者

森田健作	早瀬久美	小川ひろみ
笠智衆	石橋正次	志垣太郎
河原崎長一郎	他	

って講演を続け、大成功を収めた。私も一度、森田の講演会を聞きに行ったことがあるが、会場は中・高校生で一杯だった。この番組の撮影中に集まったファンは殆ど女子中・高校生ばかりだったのに、この会場は、男子の高校生が大勢来ていた。彼らは、森田の話が始まる前には、「森田もいい年してよくやるよ」と、バラエティ感覚で騒いでいたが、森田の熱のこもった話が進むに連れて目が輝き、真剣に聞入るようになった。この変化は驚きだった。最近の若者は、すべてをおちゃらかして、人生をまじめに考えないものだと思っていたが、この雰囲気を見ていると、うわべは照れくさいのか軽薄な行動をとるが、心は昔の青年と変らず、自分が如何に生きるべきかを真剣に考えている事を知った。そんな現代青年の内に秘めた悩みを真正面から受け止めている森田健作の行動に心から拍手を送りたいと思う。

森田の優しさを感じたエピソードを一つ紹介したい。三浦半島のとある漁港で撮影が行われていたとき、私が漁船の陸上げに使う傾斜した場所に立っていると、急に後ろから波が襲ってきて、その場に引き倒されてしまった。あまりに急な出来事だったので、倒れるときに手をつくひまもなく、顔面を強く打ちつけ、気がつくと前歯が二本欠けていて、口中血だらけになっていた。その時、森田は撮影を中断して駆けつけて来て、親身に介抱してくれた。今でも鏡の中に、自分の欠けた前歯を見ると、あの

『おれは男だ！』（71年）の主人公ペア。写真向かって左が小林弘二（森田健作）、右がヒロインの吉川操（早瀬久美）。津雲むつみの同名少女向けコミックのテレビ化ということもあり、それ以前の“青春シリーズ”以上にマンガチックな世界観が好評を博した

時の森田の優しさを思い出す。

この作品の設定では、森田の住む部屋と相手役の早瀬の住む部屋とが向かい合わせになっていて、窓越しに喧嘩をするというのが見せ場になっていた。制作費の乏しいテレビ映画では、この設定をセットでなく、ロケで行おうと助監督に大船近辺を探しまくってもらった。しかし、どうしてもそんな所はないという。「この辺の家はみんな南向きに建てられていて、北側に窓のある家なんかありませんよ」というのだ。もっともな話だった。この例はその後、シナリオを勉強している若い人たちによく話すことにしている。マンガの世界では成立しても、実写の世界では成立しない。こういうことは良くあるので、シナリオを書くときは、このことに気をつけなければならないと……。

この作品で森田が夕日に向かって大声を上げたり、走ったりするシーンが、「青春ドラマ」の象徴として有名になった。井手俊郎から、「青春ドラマには〝水〟が絶対にかかせないんだよ」ということを教わっていたので、この作品では、鎌倉の由比ガ浜で、海をバックにいくつものシーンを撮影した。実は、私も鎌倉の出身で、辛いこと、悲しいことがあると、よく由比ガ浜へ出掛け、海に向かって大声をはりあげた。そうすると、なぜかすっきりして辛かったこと、悲しかったことを忘れてしまう。海

青葉高校バトン部のマドンナである操（早瀬久美）のバトントワラールック（今でいうところのコスプレ？）も、爽やかなお色気として人気を集めた

男と女の見解の相違から事ある毎に対立する弘二と操だったが、操の胸中には弘二への密かな想いが……

にはこんな風に、人を慰めてくれる効能があるらしい。作品の中でも、度々森田を夕日の輝く由比ガ浜に引っ張り出して、大声を出したり、走ったりしてもらった。このシーンを撮ると、撮影隊全体も活気を取り戻すので不思議だった。

この作品で私に強く残っているシーンがある。それは、笠智衆が下駄履きで、竹刀を持って鎌倉八幡宮の前の通りの段葛を走る場面であった。もうかなりのお歳だったはずだが、何回も何回もリハーサルをして、なおかつ息切れもせず若い森田たちと颯爽と走ってくれた。日頃から体を鍛えておられたのか、役者根性で頑張られたのかは分からないが、あのシーンでこの作品の価値が数段引き上げられたことは確かだ。まさに大和魂を持った〝日本さむらい〟だった。

この作品の主題歌、森田健作が歌う「さらば涙と言おう!」は大ヒットした。最初は別の新人歌手で主題歌を吹き込もうとしていたのだが、どうしても自分で歌いたいということで、急遽森田に変更になった。初めに声を掛けていた新人歌手には本当に悪いことをしたと思う。私は他人から「新人をよく育てますね」と言われる。しかし、このように新人に遠回りをさせてしまった事も多かった。特に、この事件はいつまでも心に残り、なかなかその償いをする機会に恵まれず、申し訳なく思っていたが、この世界、才能さえあれば必ず頭角を現すもので、十数年たって、あるアニメ番組を日本テレビが放送することになったとき、その主題歌を彼が歌うことを知った。私はスタジオに出掛け、彼に謝った。すると彼はさわやかな笑顔で、「確かにあの時はとても傷つきましたが、今はもう乗り越えました」と言ってくれた。嬉しかった。ほっともした。しかもこの主題歌も大ヒットを飛ばした。

話を森田健作の主題歌に戻すが、この時の録音方式は画期的なものだった。一本のテープで6チャンネルも録音出来るテープが出現したのだ。その中の一つのチャンネルにバックの演奏を入れて、残りの5チャンネルに森田の歌を吹き込むのだ。そして一小節ずつ一番うまく歌えた部分を繋ぎ合わせればいいのだ。こんな便利なものがあるのかとびっくりした。この録音方式は一年経った『太陽にほえろ！』の主題歌どりでは更にチャンネルが増えて便利になっていた。機械の急激の進歩には、私などとてもついていけない。

機械はどんどん新しい需要に対応していくが、人間の方はなかなか新しいものに対応していくのが難しい。大船の松竹の撮影所に通っていると、スタッフがみんなサンダル履きで仕事をしていることに気がつく。彼らの住居がみんな大船の近くにあるのでそういうことになるらしい。そう言えば、東映のスタッフは大泉の近くに住み、東宝は砧、日活は調布に住んでいる人が多い。これは便利さからいうと致し方ないことだが、「新しいものに対する対応」を遅らせてしまっているのではないか。映画やテレビのスタッフは、朝から晩まで日曜日もなく働かされるので、仕事場の近くに住んでいると、電車に乗ったり、都心に出掛けたりする機会が少なくなる。それではどんどんと変って行く観客の好みや流行を的確にキャッチ出来ないのではないかと思う。せめて山手線や中央線に乗って、中吊りの広告でも読んでいれば、少しは観客の好みの変化を摑むことは出来ると思うが……。この点に関しては、テレビ界はまだ救いがある。幸か不幸か、テレビ局はみんな都心にあるので、局の周りは地価が高くてわれわれには住めない。そこで、必然的に中吊りの掛かる通勤電車で通う郊外に住むことになる。私は、新入社員が入って来ると、「毎日必ず電車の中吊りを読め」と言うことにしている。

『おれは男だ！』は、今まで私が作っていた「先生と生徒の話」を、「生徒同士の話」に変えての成功だったが、「学園もの」はもう当たらないとあきらめていた私に再び勇気を与えてくれた。一般社会において、先生に対する信頼度がなくなってしまったために、「先生もの」は下降線をたどっていたが、「学園もの」自体の人気はまだまだ衰えていないという確信を抱いた。それならば、今までの先生のような先生ではなく、生徒たちが熱望する全く新しい先生像を作り上げれば、きっと番組は成功するのだと考えた。『おれは男だ！』の視聴率の統計を見ても、やはり第15話の「女は女　男じゃないよ！」という「先生（教生だが）と森田がかかわり合った話」が21・2％で、断然トップだった。この作品のおかげで、私は再び「学園もの」「青春もの」「先生もの」を作り続けようと思った。

『飛び出せ！青春』

『おれは男だ！』の成功に気を良くした私は、4年ぶりに千葉監督監修の「先生もの」を企画することにした。昭和45年、私がチーフ・プロデューサーになり、作品の全責任を負うようになって、初めて自分自身でゼロから考案し、企画し、制作した作品である。そのため、愛着は強い。

この作品が放送されたのは、昭和47年2月からのことだが、この頃になると、「先生」の価値が低下し、今までの「先生」のイメージで描いたのでは視聴者の共感は得られないと考えた。どうしても今の視聴者にうける先生像を作り出さなければならない。どんな「先生」がいいのか？　どんな「学校」がいいのか？　そこから考えることにした。私の経験からすると、視聴者のテレビに対する好みは、一種の流行のようなもので、年々変って行く。そして、テレビドラマ、特に「青春ドラマ」を制作するに当たっては、その時々の視聴者の好みに合わせていかなければ高視聴率は望めない。昭和40年代初期には一段上の立場から生徒をぐいぐい引っ張っていく「先生」がうけた。しかし、この時期になると、現実的にそんな「先生」は存在せず、絵空事にしか見えなくなってしまった。そこで、私は新しい「先生」には、その階段の一段を降りてもらって、「生徒と同じレベルの先生」になってもらおうと考えた。「青春シリーズ第一期」の最後の作品『進め！青春』でも若い先生を意識的に考え、その傾向はあったが、若いだけではなく、生徒と一緒になって悩んだり苦しんだりする「先生」を作り上げようと思ったのだ。そして、その先生に〝ビギン〟（BEGIN）というあだ名をつけた。

『飛び出せ！青春』（1972–73）出演者
村野武範　酒井和歌子　石橋正次
剛達人　頭師佳孝　保積ぺぺ
青木英美　穂積隆信　柳生博　他

私は、このアイディアを持って、『さぼてんとマシュマロ』で一緒に仕事をした脚本家の鎌田敏夫を訪ねた。彼も私の考え方に全面的に賛成してくれて、このシリーズのメインライターを引き受けてくれた。この作品は、私にとって初めてひとり立ちした作品となったが、鎌田敏夫にとっても、この作品は初めてのオリジナル・テレビシリーズとなった。この時以来、鎌田敏夫とは、７本、７年間仕事を一緒にした。最後

学園のマドンナ教師・本倉明子（酒井和歌子）と女子生徒たち

太陽学園の教師とサッカー部の曲者たち。
写真向かって左より石橋正次、村野武範、剛達人（現・たつひと）、酒井和歌子

の方では、彼の書く脚本の展開、セリフが事前に全部分かってしまうところまで来た。プロデューサーとしてこんな嬉しいことはない。プロデューサーは自分で何かを書いたり、映したりする訳ではないので、なかなか自分の考えている通りのものを作り出す事が出来ない。そんな時いらいらする。しかし、鎌田と仕事をする時は全くそんな心配をすることがなかった。気持ち悪いほど考えが一致してしまうのだ。これでは、私は楽だが、鎌田にとっては余りいいことではないのではないかと思った。それに、私としか仕事をしてないと、「青春もの」しか書けなくなる。何故か「青春もの」は批評家の対象になりにくく、鎌田ほどの才能を持ちながらも、橋田壽賀子や、向田邦子、倉本聰に遅れをとってしまっていた。そこで、一度別れようと提案した。その後の鎌田は『金曜日の妻たちへ』で一躍有名になった。この時は、自分のことのように嬉しかった。

話がだいぶ先へ進んでしまった。少し元に戻そう。鎌田は、径書房版の『飛び出せ!青春』シナリオ集の対談の中で、この番組について「人にものを教えるというのは、どういうことなのか。人からものを教わるというのは、どういうことなのか。その心の交流のようなものが、『飛び出せ!青春』だったと思います」と言っている。この言葉がこのシリーズの全てを表している。鎌田は、先生と生徒の温かい〝心の交流〟を、その〝心の交流〟の場として設定した学校の中で見事に描いてくれた。先ず、先生だが、鎌田は第1話の出だし早々、生徒に騙されて、赴任する高校とは別の高校に行って挨拶までしてしまう親しみ易い〝先生〟を創り出した。その生徒と会うラーメン屋のうたい文句も秀逸である。曰く、「授業中割引します」。この看板ひとつで、視聴者の中・高校生たちは喝采を送ったものと思う。話が進んでいくと、生徒たちが隣りのエリート校の県立東の生徒に侮辱されたことに腹を立て、殴り込みに行こうということになる。そうすると、主人公の河野先生はそれを止めるどころか、一緒になって相手の生徒のパンツを取りに出掛ける。この1話を読んだ時、このシリーズは絶対に当たると確信した。更に、鎌田が書いた第14話「月光仮面は正義の味方」では、完全に新しい「先生像」を創り上げてくれた。この回、生徒の一人が「月光仮面」という小型の新聞を発行して、やたら正義を振りかざし、クラスのちょっとした悪さを暴いて物議をかもした。「そんなことをしてはクラスの中で嫌われ者になってしまうぞ」と河野先生に注意されると、彼は今度は、外に悪を見つけようとする。するとなんと悪の張本人が自分の誇りにしていた父親だったという話だった。彼はこの事を「月光仮面」に書くかどうかで悩んでしまう。書けば父親と自分の家庭はめちゃめちゃになってしまうし、書かなければ自分に嘘をつくことになる。われわれの主人公河野先生は、この生徒の傍らに立ち、「おれはお前に何もしてやれない。お前が苦しんでいるのに、何の力にもなれないんだ。おれには、それがつらい」と言って涙を流した。私は、この作品をシナリオで数回読み、フィルムになってから、ラッシュの段階で3回は見ている。しかし、完成試写を見て、この「先生」の生徒を思う気持ちの温かさに涙が止まらなかった。これこそわれわれが描く理想の「先生」像であると思った。

「先生」の設定が決まると、次は「学校」である。世の中の受験戦争はますます激しさを増し、具体的な解決策もないまま、心ある教育者、評論家から何とかしなければという声が上がっていた。そんな時、アメリカの大学は入るのは易しいが、出るのが難しいという話を聞いた。そこでわれわれは、校長役の有島一郎が目指す理想の学園として、〝全入制〟(無試験入学)の高校「太陽学園」を設定した。この設定は大ヒットし、実際に、「「太陽学園」の入学願書を送ってくれ」という電話が入った。初めは冗談と思い、宣伝のために、「月の土地証明書」のようなものを作ろうかと思ったが、電話の主は大真面目に入学を希望していて、そういう学校は無いのだといくら説明してもなかなか納得してくれなかった。しかもこういう電話が何本も入ってきたのだ。

こんな理想の学園を設定すると、それにふさわしい学校を探さなければならない。

私はメイン監督をお願いした高瀬昌弘監督と「学校」探しを始めた。しかし、これがことのほか難航した。『青春とはなんだ』は町田、『これが青春だ』は八王子と割合い近いところに目指す学校があったが、町田は校舎建て替え、八王子は上空を飛ぶ飛行機の数が増し、同録が取れなくてダメと、両方とも使えない。そこで、第一日目は神奈川県の高校を片っ端から見て回った。しかし、いずれも帯に短し襷に長しで、気に入った学校が見つからなかった。疲れ果てて第一日目は終わった。第二日目も最近三宅島の子供たちが避難して有名になった秋川高校の方まで足を延ばして見て回ったが、どうもいまいちであった。もう夕方近く薄暗くなってきていたが、案内役の助監督が最後にもう一件見て下さいということで、中央高速に乗り上野原に向かった。こんな遠いところでは、毎週ロケに来るのが大変だとあまり気が乗らなかったが、藁をも掴めの心境で訪ねてみると、山すそ深く夕暮れのモヤに包まれて、素晴らしい学校が目の前に現れた。そのあまりの素晴らしさに一同感動して声も出なかった。正にわれわれがイメージしていた学校だった。撮影に通うのには少し遠かったが、躊躇なくここ「日大明誠高校」でロケをすることに決めた。後に、巨人軍で活躍し、アメリカで大リーグに挑戦している木田優夫投手が卒業した学校である。

主役のキャラクターが決まり、舞台となる「学校」が決まると、次は主人公の「先生」のキャスティングだ。私は、『これが青春だ』の例に倣い、この作品の主人公は新人でいこうと決めていた。その方が新しい「先生」を創造するためには、変なイメージがつかなくて良いと思ったのだ。劇団を回り、芝居に出掛け、映画を見て回った。その映画の一つに「新星映画」が文学座ユニットで製作した『この青春』という作品があった。そして、そこに出演していた村野武範に白羽の矢を立てた。村野は、「俺は舞台俳優で、もう沢山の舞台に出演しているし、映画もあの名作『八月の濡れた砂』に主演しているのだから新人ではない」と突っ張っていたが、こっちは新人として売らなければ、番組が成功しないので、何が何でも新人だということでデビューさせた。村野はテレ屋でスターとして売り出されるのは嫌だと粋がっていたが、根は純真な若者で、池袋のデパートでサイン会にそっと母親を呼んだりしていた。

その当時、長髪が流行っていて、村野もかなり長い髪をしていた。しかし、役が先生なので、あんまり長いと清潔感がなくなると、東宝撮影所のすぐ前の床屋で、髪を短く刈ることにした。それを村野はもの凄く嫌がった。床屋さんが少し切ると、床に落ちた髪の毛を指して、「もうこんなに沢山切りましたよ」と訴えてきた。そのうちに、隣りのお客さんの髪の毛まで集めて、これも自分の毛であると主張した。この床屋は今も同じ場所で営業をしていて、当時のことをはっきりと憶えているという。

男の先生を村野に決めると、次は村野の相手役の女の先生のキャスティングだ。私のやり方として、男は新人、女は新人俳優を助けるために、ベテランを起用することにしていた。そこで、東宝の専属女優酒井和歌子にお願いすることにした。『青春とはなんだ』のときは、生徒役だったのが、7年経って先生に昇格したのだ。酒井はロケに来るのに、いつも父親がついて来ていた。そのため、ロケが終わるとすぐ父親と帰ってしまう。まさに清純派女優だった。ところが、ある日何かの会合があった時、終わってから飲みに行こうということになって、たまたま父親がいなかったので、酒井もわれわれについて来た。すると、行く先々の飲み屋に酒井のボトルが置いてあるのには驚いた。酒井もその時、何故か生き生きとしていた。

職員室の常連さんたちのことも少し書かなければならない。穂積隆信と柳生博のご両人だ。お二人とは、私がまだ〝吹き替え番組〟を担当していた時代からの付き合いで、私の番組では度々重要な役をお願いしている。この作品では俳優としてだけでなく、村野の教育係も引き受けてくれた。私があまりお酒が飲めないので、早めに失礼させてもらうと、夜遅くまで自腹を切って村野を連れ回り、生徒役の生意気盛りの俳優たちとの対処方法を伝授してくれた。中村雅俊のときも、『太陽にほえろ！』の新人たちのときも色々とお世話になった。

生徒たちのキャスティングも上手くいった。「夜明けの停車場」を歌って、一躍人気者になった石橋正次をガキ大将に、〝青春シリーズ〟独特の凸凹コンビに頭師佳孝、保積ぺぺといった子役のベテラン（?）を、そして、児童劇団から中沢治夫（現在の剛たつひと）、森川正太（現在の森川章玄）たちを加えた豪華キャストだった。これも青春シリーズを続けてきたお陰である。中沢はTBSのレポーターとして、森川は『俺たちの旅』の〝ヨレヨレのわかめ〟として有名になった。『太陽にほえろ!』のお茶くみになって、ボスに可愛がられた青木英美も活躍してくれた。水谷豊や火野正平もこの番組に顔を出している。みんな、番組を大いに盛り上げてくれた。

このシリーズの主題歌、「青い三角定規」の歌う「太陽がくれた季節」も大ヒットした。作曲いずみたく、作詞山川啓介だった。いずみたくとは「青春とはなんだ」以来、昭和40年代では、毎年のように主題歌、挿入歌の作曲をお願いし、われわれのドラマの狙いも、ドラマの中の使い方もすべて理解していただいていたので、打ち合わせもろくにしないのに、番組にぴったりの曲を書いてくれた。そればかりでなく、次から次へと私が送り込む役者の下手な歌手をうまく料理してくれた。まだカラオケなど発達していない時代、人前で一度も歌ったことのない連中を指導するのだから、さぞ大変だったと思う。おかげで、記念品のようなレコードが私の手元にいっぱい残っている。

山川啓介はいずみたくのところで勉強していた若い作詞家で、後に中村雅俊を一気にスターダムにのし上げてくれた「ふれあい」を作詞してくれた。「ひとりでは生きていけない……」というこのフレーズは、われわれの「青春もの」の永遠に追いかけるテーマである。この番組の挿入歌「青春の旅」でも、「きのうの夢に　住んでいられずに　あしたの愛を　もう待ちきれずに　君はとびだす　まだ見ぬ海へと　そうさそいつが青春の旅だ」と素晴らしい詞を書いてくれた。『俺たちの旅』のタイトルはこの時の「青春の旅」からもらった。

この作品の「日大明誠高校」のロケは、一週間おきの日曜日に行われた。何故日曜日かというと、学校が休みの日でないと撮影の許可が下りないからだ。これはどの学校を借りても同じことだったから、この撮影に立ち会うために、私は40年代は殆ど休みが取れなかった。この日曜日のロケでは、私が休めない悩みなどよりはるかに大変なことが起きていた。番組があまりにも有名になってしまったのでファンが１００人近く集まって来て、撮影に支障をきたすような騒ぎになってしまったのだ。「日大明誠高校」のある上野原という田舎町には数台のタクシーしか無かったが、日曜日はそのタクシーがフル回転しても追いつかないくらいだった。ファンは金持ちで、われわれが窮屈なロケバスでやっと現場にたどり着くと、東京からハイヤーで着いたファンが今や遅しと待ち構えていた。そして、バスが着くや否や、もの凄く長い望遠レンズがついた高額なカメラでフィルム代も顧みずパチパチ撮りまくっていた。撮影隊の本職のカメラマンがうらやましそうに「ちょっとそのレンズ覗かせてよ」などと言っている風景も珍しくなかった。

われわれの「青春もの」は、『青春とはなんだ』で、ラグビーにより不良生徒を立ち直らせるというドラマを組んで以来、その後、このスポーツをサッカー、ラグビー、サッカー、ラグビーと互い違いに取り上げてきた。サッカーはボールがひとりでに飛んで行ってしまうのに反し、ラグビーはボールと人間が殆ど同じに動いているので、撮影はしやすかったが、日本テレビは高校サッカーに熱を入れていたので、企画会議でいつもサッカーにならないかと言われていた。そのため妥協の産物として、こんな風に互い違いになる方式を取ったのだ。この作品はサッカーの番に当たっていた。タイトルバックで、村野扮する河野武がゴールキーパーを演じているが、この時の吹き替えを演じてくれた「日大明誠高校」の現役のゴールキーパーがもの凄くうまかった。横っ飛びにボールを押さえるカットを撮ったのだが、体が殆ど水平になっていた。現在ならば高校のチームにもあのくらいの技術を持ったプレイヤーがいるかも知れない

明子（酒井）のことを心配して駆けつけたビギンこと河野武（村野）と生徒たち。『飛び出せ！青春』の作品世界を象徴する一葉だ

が、あの当時ではズバ抜けた技術だと思った。と同時に、これはまずいとも思った。というのも、この時までは、役者のサッカーやラグビーでもなんとかリアリティが保てたのだが、あのレベルになると役者のプレイでは嘘になってしまう。もうスポーツを通じて、不良の劣等生がまともになっていくというストーリーは組めなくなってしまうのではないか、と不安になったのだ。世の中が進歩すると、ドラマは作りにくくなる。携帯電話が発達したおかげで、すぐ連絡がとれてしまい、メロドラマが作れなくなったという話もある。ドラマの世界ではなるべく素朴で、昔風なのがよい。おかしな世界である。

『おこれ！男だ』

TBSは月曜8時の枠で、『水戸黄門』と『大岡越前』を半年毎に交互に放送して実績を残していた。私もこの方式を真似て松竹製作の生徒主役の「青春もの」と、東宝製作の先生主役の「青春もの」を交互に放送しようと思った。そこで、今回は松竹に製作を戻し、森田健作と前作『飛び出せ！青春』で更に人気を博した石橋正次でこの作品を企画した。しかし、私はここで『でっかい青春』と同じ過ちを繰り返してしまった。『でっかい青春』のとき、舞台を「学校」から「市役所」に移して失敗した

第1話より千本ノックならぬ100本シュートに挑戦中の武（村野武範）。武の、この捨て身の行為により生徒たちとの間に絆が生まれることに

が、この時も、「学校」を「寮」に変えたために失敗してしまった。私は、父から旧制高校の寮生活の話をしばしば聞かされていた。とても楽しい生活だったらしい。そこで私も「寮生活」にあこがれ、『飛び出せ！青春』で設定した「寮」を更に発展させ、その「寮生活」を中心の「青春ドラマ」を作ろうと思ったのだ。しかし、企画の目先を変えようと思い過ぎたのかも知れない。当時、若手人気俳優のビッグ2、森田健作と石橋正次を共演させた豪華企画だったが、うまくいかなかった。やはりこの手の「青春もの」では、黒板は絶対に欠かせないものらしい。二人には悪いことをした。

私の企画の間違いから、視聴率は取れなかったが、内容には素晴らしいものが沢山あった。中でもジェームス三木が書いてくれた第4話「行け！ドンキホーテ」は、「青春もの」のお手本のような作品で、若手シナリオライターにいつも例としてあげている。寮長（内藤武敏）の娘（佐藤オリエ）の誕生日に、日頃からひそかな恋心を抱いていた森田健作扮する主人公の江藤太一は、なんとか彼女が喜ぶプレゼントをしようと思うが、お金がなくて何も買えない。そんな時、彼女が寮の庭から見える雪を被った富士山を指して、「あの雪がほしいな」と独り言を言うのを聞いた。太一は、バケツを持って富士山に登り、その雪をバケツ一杯詰め込み、溶けないように帰りの電車の中では、そのバケツを片手で持って窓外に出して持ち帰る。その手は寒さで殆ど感覚が失われていた。しかし、「寮」に着くと、バケツの中の雪は全て溶けてしまい、ただの水になってしまっていた。佐藤オリエは太一が黙って指し出した冷たい水の入ったバケツを見て、初めは何のことか分からなかったが、やがてその太一の真意を知り、感動するというものだった。われわれは、こういう行為を「無償の行為」と呼び、人々に最も感動を与える要素として使ってきた。「青春もの」には絶対に欠かせないものだ。

『おこれ！男だ』（1973）出演者
森田健作　石橋正次　内藤武敏
佐藤オリエ　他

このシリーズで、もう一つ失敗したことは、設定された「寮」が少し貧し過ぎたことだった。昔、ホームドラマを作っている先輩から、「設定する家庭は、現実より生活水準をひとつ上にあげて描くといい」と言われたことがある。その家庭の稼ぎ頭が課長なら、部長の生活水準に、部長なら取締役の生活水準に合わせて、衣食住を考えなければいけないということらしい。ところが、このシリーズでは、不幸な子供たちが集まる「寮」ということで、貧しさを強調し過ぎてしまった。『氷点』で、「北海道の田舎の町医者の妻が何であんなに毎回毎回高価な着物を着替えて出て来るのだ」という有名な批評があったが、テレビの場合あれが正しかったのだ。

視聴率がいささか低迷し、会社的には失敗作というレッテルを貼られてしまったが、撮影場所は、『おれは男だ!』と同じく、私の故郷ともいうべき三浦半島で行われたし、内容もすこぶる有意義なものを揃えることができたので、私個人としては、大変気に入ったシリーズだった。テレビの場合、よい作品の視聴率が必ずしもよいとは限らない。また、作り手として、失敗したと思った作品の視聴率が高いこともある。ままならないものだ。従って、自分の中の成功や失敗は仕舞っておいて、視聴率がよければご褒美をもらい、悪ければおとなしく反省していればいいのだ。悪い作品を作った時ほど、良い教えを受けるチャンスに恵まれる。それもまた良しである。

『われら青春!』

『おこれ!男だ』が終わって半年後、再び「先生」主役の東宝「青春もの」を企画することになった。今度はどんな「先生」を作り出そうか? この問題に一番頭を悩ました。実際の高校生活において、先生の価値はますます下がってしまったようだ。尊敬できる教師など現実には一人もいないとまで言われる時代になってしまった。そこで、われわれは生徒から尊敬され、愛される教師像をどうしても作り出したいと思った。『飛び出せ!青春』の河野武は、生徒と共に泣いてくれる「先生」だった。しかし、この涙の中には、「先生という絶対者でなければならないのに、自分は何もできない」という部分があった。まだ、『青春とはなんだ』の〝ヒーロー先生〟の影を受けついでいたのだ。この企画では、この部分も取り除いてしまおうと考えた。「先生」を「生徒」と同じレベルまで引き下げてしまおうと思ったのだ。鎌田敏夫は、こんなわれわれの願いを第1話「学校より大事なこともある!!」の脚本で見事に具現化してくれた。

河野武の後輩に当たる中村雅俊扮する沖田俊(沖田は沖田総司から、俊は雅俊から取った)が「太陽学園」に赴任して来るところから始まる。校門のところまで来ると、

『男だ』シリーズの第２弾『おこれ！男だ』（73 年）の主役コンビ。
写真向かって左が石橋正次、右が森田健作

二人の生徒が塀を乗り越えようとしているところだった。訳も分からずその生徒の尻を押してやるが、その途端、校門のほうから駆けつけて来た江川教頭（穂積隆信）と塚本先生（柳生博）に捕まってしまう。二人の生徒は遅刻の常習犯で、校門の前で、遅刻する生徒たちを見張っている教頭先生たちに見つからないように塀をよじ登って登校しようとしていたのだ。早速、杉田校長（有島一郎）の姪にあたる杉田陽子先生（島田陽子）から「教師としての自覚と責任のある行動を取って下さい」と叱られてしまう。更に話が進むと、「太陽学園」をバカにしている金持ちのお坊ちゃん学校の「星南学院」のラグビー部の生徒たちに、自分が率いるラグビー部の部員の一人が襲われるという事件が起きる。すると、沖田先生は助けに飛び込み、一緒にボコボコに殴られてしまう。そして、この喧嘩がもとで、学校をクビになってしまう。一人しょんぼりと人気のないプラットホームに座っていると、ラグビー部のダメ生徒たちがラグビーのボールを持って現れ、「辞めないでくれ」と懇願しながらボールを投げ合う。ボールに彼らの信頼感が乗り移っている（この最後のボールを投げ合って、お互いの固い信頼感を現すエピソードは後に『俺たちの旅』の第1話のラストシーンにも繋

『われら青春！』（1974）出演者

中村雅俊　島田陽子　穂積隆信
柳生博　日色ともえ　保積ぺぺ
関谷益美（関谷ますみ）他

『われら青春！』（74 年）の番組宣伝用スチール。脚本を仲睦まじ気に読む中村雅俊と島田陽子。作品イメージを念頭に置いてのビジュアルだ

がっている)。こんなエピソードがシリーズ全体に流れ、生徒のために涙を流す「先生」から、生徒のために負けを覚悟でも喧嘩に出掛ける「先生」へと移したのである。

次はこんな先生に、どの新人を迎えるか。「先生」選びが始まった。もともと次の「先生」は松田優作でいこうと思っていたのだが、急な事で『太陽にほえろ!』に取られてしまった。いささか焦ったが、延べにして100人近くの候補者と面接した。ついている時はついているもので、松田の文学座の後輩にあたる中村雅俊と出会うことが出来た。かねがねわれわれが描いている主人公は、「体制側の反体制の人物」である。テレビの特性として、主役を演じる俳優は、体制側の人間でも困るし、完全な反体制でも困るのだ。新人選びでも同じことが言える。中村は慶応ボーイだったが、金持ちではなかった。一見金持ちのボンボンに見えるが、なかなかどうして根性もあるし、ハングリーでもある。この観点からすると、中村は申し分ない。夕暮れの神宮外苑で、何回か走って貰い、それだけでこの番組の主役をまかせることにした。後年、中村から「何で俺を選んだんですか?」と聞かれた時に、「背が高かったから」と答えたら「何か他にいいとこ無かったんですか?」とがっかりしていたが、私は中村が芝居の勉強をしていた文学座の研究所の校長先生と、日本テレビ入社以来の付き合いだったし、メディア向けのマネージメント業務の責任者とも村野武範、松田優作のことですっかり仲良くなっていたので、中村が将来性のある文学座の〝希望の星〟であることを知っていた。中村は俳優として、歌手として頂点を極めたが、どのジャンルに挑戦してもきっと成功しただろう。素直だし、勉強家だし、人付き合いもいい、周りの人たちからも愛される。俳優としては人が良すぎて損をしているくらいだ。少し女好きな欠点もあったが、結婚してからはなかなかの愛妻家に変身した。少なくとも、仲人をした私にはそう見えている。

学生時代バスケットをやっていたスポーツマンの中村だったが、ラグビー・シーンの撮影初日の日、ゲロを吐いた。画面で見ていると、たいして走ってないように見えるが、実際の現場では何回もテストをするので、相当の距離を走らされている。テストに3回、NGでも出ればまた1回と、10メートル走る映像のために、100メートルくらいは走らなければならないのだ。おまけに中村は主役である。殆どのカットに登場している。休む暇無く一日中グランドを走り回されている勘定だ。さすがの中村も、ラグビー・シーンの撮影の前の日は酒を少し慎むようになった。

ラグビー・シーンなど、ロケシーンが終わると、いよいよ教室のセットに入った。中村が本当の意味で当シリーズの主役になれるかの正念場だった。第1話の最後に教室で、クラス全員の生徒を前にして、「世界中のどんなに偉い人間も、どんなに成功した人間も、もっていない宝物が一つだけある……どんな金持ちの人間も、一度失ってしまえば、二度と買いもどすことの出来ない宝物が一つだけある……それは、青春だ！」というセリフで始まるカッコいい演説をえんえんと喋るシーンがあった。このシーンを乗り越えればきっと期待通りのスターになれる。われわれは固唾を呑んで見守っていた。この芝居が終わった時、思わず生徒たちからも一斉に拍手が起こった。この時、われわれは彼の成功を確信した。

このシリーズの視聴率は、こんな沖田先生の涙ぐましい努力にも拘らず、あまり良くなかったが、第13話「ひとりだけでは生きていられない」の中と、第21話「おふくろさん」で、せつせつと歌った「ふれあい」は、オリコン1位を13週続けるという大記録を残した。こんなことなら第1話で歌わせておけば良かったのだが、歌ったのがシリーズ後半だった為に、レコードのヒットは番組が終わってからの出来事で、番組の視聴率には全く関係がなかった。それにしても、この歌は素晴らしかった。メロディも良かったが、山川啓介の歌詞が強く当時の若者たちの心を捉えた。中村が下駄履きで素朴に歌ったのも良かったのかも知れない。なにしろ、この時中村は革靴を持っていなかった。何処へ行くのも下駄履きにジーパンで、レストランで断られたこともあった。日本テレビの歌番組のディレクターが下駄履きで控え室に入って来た彼を見て、「そのまま舞台に上がろうよ」と言ってくれたお陰で、下駄履き、ジーパン・スタイルは中村の舞台衣装にもなってしまった。

この番組の相手役も、『飛び出せ！青春』の酒井和歌子の起用にならい、島田陽子にお願いした。ちょっと澄ました感じと、潔癖感のあり過ぎるイメージで、脚本家の鎌田が「きれいだけど、煮ても焼いても食う気はしない」と沖田先生に言わせて、島田陽子扮する女教師杉田陽子に〝丹頂鶴〟とあだ名をつけた。まさにぴったりのあだ名だった。こんなあだ名をつけられても面白がってくれた島田は優しい。

このシリーズでは、サブタイトルが奮っている。「学校より大事なこともある!!」「先生を信じる奴はバカだ!!」「宿題なんかヤルもんか!!」このシリーズを楽しいものにしている。撮影現場も和気藹々、絶えず笑いが起こり、仕事をしているのか、遊んでいるのか分からない状態だった。今になれば時効だと思うので暴露するが、毎日のように二日酔いでフラフラになって撮影していた。視聴率を稼ぐために、あくせく働くのもいいが、こんな風に楽しく仕事をするのもいいものだ。このシリーズでは、「涙は心の汗だ！」という名タイトルも生まれている。

この作品を最後に、私はひとまず「先生と生徒」の話を終えることにした。私が年

ラガーシャツに身を包んで自ら練習試合に参戦する沖田俊（中村雅俊）。この等身大感が少年少女視聴者の共感を呼んだのだ

を取ったのか、時代が変ってしまったのか、昭和40年代初期のような「先生と生徒の間」の心の交流が感じられなくなってしまったからだ。ここまでを「〝青春シリーズ〟第二期」と呼びたい。

第参章
闘う青春

『太陽野郎』

『青春とはなんだ』のヒットで、夏木陽介の人気が鰻登りに上がってきたので、彼の人気に便乗する形でこの番組を制作することにした。丁度そんなとき、新聞で北海道に普通の牛より一回り大きくて、真っ白な牛の牧場があるという話を聞いた。牛の種類名をそのまま取って「シャロレー牧場」と言っていた。私は熱烈な西部劇ファンで、いつか日本でもあんな爽快なドラマを作ってみたいと思っていたので、早速この話に飛びついた。幸い夏木は乗馬が得意で、アクションも前作で充分魅せて貰っている。この企画は脈があるぞと思った。しかし、この企画には、牧場が北海道にあるので、東京を軸にしては撮影が出来ず、長期に渡ってロケをしなければならないという大きな問題があった。おまけに、26本放送しようと思うと後半の13本は冬になってしまって、北海道では撮影出来ないという。当時のテレビ映画の制作費では、こんな長期のロケは考えられなかった。何とか会社を誤魔化して、その制作費を捻出しなければならない。仕方が無いので、「夏木がどうしてもこの企画をやりたいと言っている。もし断れば、他の局に持って行かれますよ」と嘘をついて通常より高い制作費を獲得した。と言っても限度があり、会社から貰ったお金ではかなりやり繰りしなければならなかった。牧場から30分くらいの所に森町という漁村があったが、そこのセールスマン専用の宿に安く泊めて貰い、主要俳優以外の出演者はすべて町の人にお願いすることで何とか凌いだ。漁師さん、床屋さん、バーのマスターと、町中総出で画面に出て、迷演技（?）を披露してもらった。撮影隊が来る事がよほど珍しかったとみえ、非常に協力的で、撮影というと、町中の商店は休みになり、人けが全く無くなってしまう。交番の巡査さんまで協力的で、森町の撮影は自由、おまけに森町から函館までの道路（この道は真っ直ぐな道で車が殆ど通らないのでスピードがいくらでも出せた）のどこでいつ一斉取締をしているかをそっと教えてくれた。森町はとても静かな町だったが、そこに3カ月間、大変な嵐が吹いた事になる。町には宿が道を挟んで二軒しかなかったので、夜になると、助監督が宿の前の道路で大声で明日の予定を読みあげる。すると両方の旅館の窓が開き、スタッフ・キャストが一斉にメモを取り出す。この道路は町のメインストリートなのだが、夜は一台も車が通らない。ここで応対するととても便利だった。森町には娯楽施設など何も無かった。勢い、スタッフ・キャスト共に酒を飲む以外夜の過ごしようが無かった。車が来ないことをいいことに、道路で酒盛りを始めたり、酔

『太陽野郎』（1967-68）出演者		
夏木陽介	藤木悠	北原真紀
市原清彦	地井武男	他

っ払って道路で寝てしまったり、とにかく町の方たちには大変迷惑をかけた。

シャロレー牧場の牧場主は大変ユニークな人だった。アメリカの本場のカウボーイのように、カウボーイハットを被り、乗馬用のブーツを履いていた。そのため、どこにいても目立った。空港はいつも顔パス、北海道では大変な有名人であった。シャロレー牛の宣伝になるからと言って、何から何まで協力的だった。投げ縄や野宿の仕方から、馬や牛の扱い方まで、牧童と共に教えてくれた。ただ、「旅館なんかに泊らずに牧場に泊ればいいじゃないか」と言って、勧めてくれたのが、牧場の牛舎だったのにはちょっと困った。

この作品は、須崎勝弥、倉本聡などがシナリオを書いてくれた。そのシナリオ・ハンティングの際、羽田から函館行きのプロペラ機がひどく揺れて、――私も倉本も飛行機が初めてだったので――もの凄く怖かったのを覚えている。飛行機に乗る前は、飛行機の中で打ち合わせをしようと相談していたのだが、それどころでは無く、一言も口をきけなかった。ところが、戦時中、戦闘機乗りだった須崎師匠は、「戦争を早く終わらせるために、練習機を何台も壊した」――私は単なる操縦技術の問題と思うが――と豪語されていただけに全く動ぜず、師匠から「打ち合わせはしなくていいの」などと言われていた。

夏木陽介のカウボーイルックも爽快な『太陽野郎』(67 年)。
和製マカロニ (?) ウェスタンとして話題を呼んだ

この旅行で、大変感心したことがある。それは宿に泊ったあくる朝、起きて食堂に行くと、倉本がすっきりとした顔をして、宿の人からシナリオを書くための取材をしていたことだ。もう2時間も前に起きて、町の人たちから色々なことを聞き出し、北海道の暮らしに熟知していた。優れたシナリオライターになるためには、こんな努力もしなければならないのかと思った。

この作品で私がどうしてもやりたかったのが、牛の暴走シーンであった。山の上から80頭くらいの牛が一気に駆け下りてくる様は現場で見ていてすごい迫力だった。これは話題になるぞ！　と喜んだ。しかし、放送してみると、視聴者から、「何とも淋しい暴走だった」と投書されてしまった。日本では精一杯のシーンだったが、テレビ視聴者はアメリカ映画の牛の暴走シーンを見ていて、それと比較してしまうのだ。同じテレビという箱から出てくる映像なのだから、当然と言えば当然のことなのだが、私には予測出来なかった。

後半の13本は御殿場の「忠ちゃん牧場」で撮影された。北海道でないとはいえ、「忠ちゃん牧場」は富士山の中腹にある牧場で、風も強いし、外へ出たらあっという間に凍え死んでしまいそうな寒さだった。このロケに立ち会うために、新たな防寒具を買って挑んだが、10分と立っていられなかった。こんな寒さの中、活躍してくれたスタッフ・キャストの皆さんに敬意と感謝を捧げたい。

この撮影の一コマ、乗馬自慢の藤木悠が馬に乗って疾走するシーンがあった。監督の「用意、スタート」の声と共に颯爽と走り出したが、監督が「カット！ＯＫ」と叫んでも、馬が止まらない。藤木が懸命になって馬を止めようとしているが、馬はどんどん山を降りて行ってしまう。馬を走らせる方向と時間が悪かったらしい。馬は夕飯時に、自分の家の方角に走らされたので、もうてっきり今日のお仕事は終わったものと思ったのだ。これでは、いくら乗馬のうまい藤木でもなんとも手の打ちようが無かった。馬も寒さと飢えには弱いとみえる。これだから撮影に動物を使うのは難しい。

この作品の寺内タケシが編曲した主題歌もヒットした。後々ＣＭのＢＧＭにも使われたくらいだ。昭和40年代のテレビドラマでは、主題歌や挿入歌が、番組の視聴率アップに貢献してくれた。おまけにレコード会社が料金を取らずに使わせてくれたので、音楽費の節約にもなった。レコード会社の方も、ドラマの中で使われると、無料で毎週宣伝してもらっているようなもので、かなりメリットがあったようだ。特に、われわれの番組では、ドラマが一番盛り上がったところに主題歌を流したので、歌自身の価値も倍加された。お互い持ちつ持たれつの関係だった。

この作品は、当時にあって、画期的な体制で撮影していたので、どんどん撮影時間の余裕がなくなってしまった。北海道という遠距離のロケ、御殿場という厳寒のロケをこなすためには、かなりのエネルギーと時間が必要だった。エネルギーの方はともかく、時間の方は如何ともしがたく、何度も放送に穴が空きそうになってしまった。その上、この作品は、派手なアクションが必要だったので、普通のホームドラマなどに比べて、倍以上の撮影時間がかかった。現場はおもちゃ箱をひっくり返したような大騒ぎだったし、私もはらはらのしどおしだったが、この撮影を乗り越えて、「アクションもの」の撮影に自信がついた。この作品を経験したからこそ、後の「アクション作品」と勇気を持って取り組めたのだと思う。

近年、「チイチイ」という呼び名で有名になってしまった地井武男のデビュー作であることも付け加えたい。地井は後で、『太陽にほえろ！』で活躍してくれた。これも、この番組の大きな遺産である。

『東京バイパス指令』

他局を見ると、テレビ朝日に『特別機動捜査隊』、東京放送に『キイハンター』『ザ・ガードマン』という長寿番組があった。長寿番組があると、その局の編成は楽になるし、番組の視聴率も、長く続けば回を追うごとに上乗せされて行き、高いものになる。どうしても私の手でこの手の長寿番組を制作したいと思った。しかし、私が作っていた「学園もの」では、一年経つと学年が変ってしまうので、一年毎に企画を変えなければならなかった。とても長寿番組にはならない。長寿番組を作るには、やはり他局に倣い「アクションもの」でなければならないと考えた。そして企画したのが、この番組である。

幸いなことに、『太陽野郎』が終わった夏木陽介と、『でっかい青春』が終わった竜雷太がいた。早速、この二人を主人公にして、「刑事もの」を作ろうと思った。ゴールデンタイムの番組の主役を張れる二人の俳優を共演させることは非常に難しいことだが、成功すれば実りも大きい。二頭立ての馬車で走るのだから、馬力は大きいが、二頭の馬が気持ちを一つにしてくれないと、その効果は薄れてしまう。この調整をするのが、プロデューサーの仕事だ。台本段階から、二人の見せ場を同じ様に作り、現場に行けば常に二人の仲を取り持つ。神経のいる仕事だったが、このノウハウは、後に『俺たちの勲章』『あぶない刑事』で活かされる。

この二人にどんな刑事を演じさせるかと考えていたとき、新聞で「神奈川県警に、〝特命刑事〟というのがいる」という記事を読んだ。特命刑事というのは、一般人の中に混じって、特定の命令を受け、その命令のみを遂行する刑事だという。私はそんな現実の特命刑事から、更に、ピストルや、手錠、逮捕権、警察の権威、命の保障を取り上げ、より厳しい状況で悪と闘わなければならないように設定した。その方が、ドラマに危機感を与える事が出来ると考えたからだ。そんな特命刑事が、片っ端から悪人をやっつける話を、アメリカのテレビ映画『サンセット77』や『サーフサイド6』の探偵のように、洒落た雰囲気の中で描けば、新しい都会派探偵劇を作れると思ったのだ。

しかし、やってみると、思わぬ障害が次々と発見された。先ず、ピストルを持たない徒手空拳では迫力がない。それに逮捕をしないのだから、終わりがしまらない。命の保障が無いという点では、確かに緊迫感は出たが、土台テレビ映画で主役の二人が死ぬわけがないので、冷めた目で見ていると、たいした緊迫感も生まれない。これらの欠点をカバーするために、シナリオ作りには苦労した。その上、せっかく長寿番組を目指したのに、主役が二人ではスケジュール的にとても長期に渡って放送を続けることが出来ない。1年間で放送は52回、しかし、制作は40本がやっとである。足りない12本をB班と称して同時撮影をしていくわけだが、主役を一人ずつに割り振ってしまうと、二人主役のメリットが無くなってしまう。考えてみれば、他局の長寿番組にはみんな主役の刑事や探偵が沢山いる。長寿番組を作るにはもっと主役をこなせる刑

『東京バイパス指令』（68 年）のレギュラーメンバー勢揃いのスチール。と、思いきや何故か浜畑賢吉の姿が……。それもそのはず、『進め！青春』と合同でパブリシティ用に撮影されたものである

事を増やさなければならない。この番組から、こんな幾つものヒントを得た。そして、このヒントが『太陽にほえろ！』に繫がったのだ。

この番組は、結局1年と3カ月続いた。しかし、最後の3カ月は四苦八苦だった。スケジュールは厳しくなるし、視聴率も少しずつ下がってくる。何とかてこ入れをしなければならないことになり、東宝テレビ部のエース梅浦洋一プロデューサーに応援を頼んだ。すると、梅浦はシナリオライターとして小川英を連れて来てくれた。こうして、『太陽にほえろ！』の企画の主要メンバーが揃ったのだ。われわれ三人は、この番組の前述のような基本的な欠点を確認し、このままこの企画を延ばすより、一旦終了し、改めて新しい番組を立ち上げようと意見が一致した。この番組に参加して、苦労してくれたスタッフ・キャストには悪い言い方だが、結果的に、この作品は、『太陽にほえろ！』を生むための番組として、私には貴重な番組だった。

『太陽にほえろ！』

この番組に関しては、すでに拙書『太陽にほえろ！伝説』に詳しく記述したので、内容が重複するかも知れないが、出来るだけ違った角度から書いて見ようと思う。この作品は、私にとって看板のようなもので、他人に紹介されるとき、たいていこの作

157ページに掲載した写真と同じときに撮影された1枚。『東京バイパス指令』『進め！青春』のプロデューサーである岡田晋吉を出演者が囲んでのイメージショット。
著者が手にしているのは『進め！青春』の脚本。パブリシティ用スチールならではの光景だ

品のプロデューサーと言われる。するとと殆どの人が私を信頼して、親しく付き合ってくれるようになる。そればかりか、日本テレビを辞めてからも、この番組についての取材を受けるし、舘ひろしで、新版『太陽にほえろ！』まで作らせてもらった。

《番組誕生秘話》

今、私の手元に昭和47年7月21日の放送開始日の3カ月前に書かれた企画書がある。そこでは、題名は『明日に燃えろ！』、日本テレビの担当は津田昭になっていて、私の名前は何処にも

無い。しかし、この企画書の文章はあくまで私のものだ。この間の事情は前述の『太陽にほえろ！伝説』に詳しく書いたので、ここでもう一度書く気はないが、私の名前を表に出せない理由があったのだ。津田昭は、当時私の尊敬する上司で、私を庇ってここに自分の名前を入れてくれた。この企画書では、石原裕次郎扮する係長の役名が「藤堂英介」に、萩原健一の役名が「風間健一」になっている。この番組は、小川英、梅浦洋一と私の三人で企画したものなので、せめて企画書段階では、主役の二人の役名に「英」と「一」を入れたかったのだ。その後、放送までに再吟味され、より役柄に合ったものとして、「藤堂俊介」と「早見淳」に変った。私は異常に役名に拘る。自分の企画する番組の登場人物は、自分の子供のような気がするからだ。企画書を書く時、登場人物の役名を考えて、いつも三日くらいはかかる。『太陽にほえろ！』では、「淳」という名前に拘ることにした。音で聞くと外国人のような響きがあるし、いかにも若者らしい。二代目の新人刑事が「純」三代目が「順」四代目には芸名の方に「淳」、活躍する警察犬にも「ジュン」とつけた。淳は萩原健一らしいし、純は松田優作らしいし、順は勝野洋がぴったりだ。その後の新人たちの名前もなるべく一字名前にすることにした。田口良、岩城創、五代潤、西條昭、春日部一、沢村誠、水木悠、太宰準と続く。渡辺徹の役名、竹本淳二は、このシリーズのメイン監督の竹林進監督の〝竹〟と山本迪夫監督の〝本〟を取り、それに〝淳〟の二代目という意味を加えたものだ。

『太陽にほえろ！』では、あだ名の方が話題になってしまっているが、役名のほうも企画者としては毎回凝っているので、注目してもらいたいと思う。

話をまた前の企画書に戻すと、この企画書の一行目に、「これは〝青春アクション〟ドラマであります」と書いてある。「魅力のポイント」欄にも、「一人の青年が成長してゆく姿をタテ糸として描いていきたい」と書かれている。この制作意図は718本全ての作品で貫く事が出来た。

この他に、「魅力のポイント」としては、「破壊のドラマとしての魅力」「現代浪花節ドラマとしての魅力」「コメディドラマとしての魅力」の三つが挙げられている。「破壊のドラマ」では、「物の破壊」だけでなく、「既成の考え方、不合理なルール、古臭い義理や身分上の差別」などを破壊するドラマとしているし、「浪花節ドラマ」としては、自分の命を投げ出しても、他人に対する思いやり、他人の窮地を救おうとする気持ちを優先しようとする「男の心意気」「男の勇気」を謳い上げるドラマとして、「コメディドラマ」として

『太陽にほえろ！』（1972-86）出演者		
石原裕次郎	萩原健一	露口茂
松田優作	竜雷太	関根恵子
小野寺昭	下川辰平	

は、新聞記者役を設定して、そこで「笑い」を取るドラマとして制作していきたいと書いてある。最初の二つは、『太陽にほえろ！』が成功した大きな要素として自負出来るが、最後の一つは失敗だった。もっとも、8年後の神田正輝の登場からは、かなりのコメディ要素を入れて成功したのだから、そんなに悪いアイディアではなかったのかも知れない。ちょっと脱線するが、この新聞記者を演じてくれた山東昭子は、参議院に立候補したときに、この映像を選挙演説に使って当選した。

この企画書は14年間も主旨を変えずに通用したわけで、自分で言うのもおこがましいが良く出来ていた。

この企画書を基にわずか3カ月後の7月21日には第1回の放送が行われたのだから、われながら驚く。『東京バイパス指令』終了後、私と梅浦と脚本の小川と三人で10月を目指して準備していたので出来たことなのだろう。何事も準備をしておくということは大切なことである。われわれ三人は、このシリーズのシナリオ作りに三つのルールを決めた。一つ目は「青春ものとして作る以上、若い人が見ている可能性があるのだから、彼らが最も真似し易いSEXに纏わる事件は止めよう」、二つ目は「アクションは日常の中で、なおかつ昼間に行う」、三つ目は「刑事のドラマとして、レギュラー刑事の出ていないシーンは作らないようにしよう」というものだった。この三つ

ボン（宮内淳）殉職の第363話「13日金曜日・ボン最期の日」クランクアップ時に撮影された記念写真。
放送は79年7月13日だった。同年6月28日に中津陸上工業団地にて撮影された。なお、写真向かって2列目、右から3人目が著者。
後ろに見える電話ボックスの中でボンは死んだ

の決め事は、実際のシナリオ作りになると、結構難しい規制で、しばしば激しい議論となった。犯罪者側を描けば、事件の内容は分かりやすくなるのだが、それが刑事側からしか描けないとなると、証拠を見つけて推理するしか筋の説明が出来ない。ひどく分りにくいものになってしまう危険があった。しかし、この規制は目的以外のメリットも作り出してくれた。この決め事を守ろうとすると、智恵を出さなければならなくなり、思いもかけず、どんどんシナリオに深みが出て、より面白くなっていったのだ。苦労や努力を重ねれば、それは自ずと好結果を生んでくれるものだ。

《番組を走らせてくれた三人》

企画段階では、小川英、梅浦洋一、そして私が深く係わったが、その企画を大きく育ててくれたのは、小川英、萩原健一、竹林進の三人だ。

小川英は、第1話から最後の第718話まで全部の作品につきあってくれた。何度も何度も喧嘩をしたが、最後はいつも私のわがままを許してくれた。小川は私と同じ鎌倉学園の出身で、先輩に当たるので、いつも兄貴のように温かく接してくれた。「この新人にはこんな長セリフは無理です」「このレギュラーはこんなにスケジュールがありません」「これ夜が多過ぎるので、ここ昼にして下さい」「明日撮影なので、今日中に直して下さい」ありとあらゆる注文を聞いて嫌な顔一つせずに直してくれた。どんな拙い脚本を持って行っても、一晩で見違えるような生き生きとした脚本に変えてくれた。だから、私は、どんどんとまだ未知数の若手脚本家にシナリオを発注することが出来たのだ。いざとなったら、小川のところに持ち込めばなんとかなるという安心感があった。アメリカのテレビ界でも、これと同じような脚本発注方式を取っていたので、そこからヒントを得たものだった。数人の若い脚本家に意欲的な脚本を書かせ、それをベテラン脚本家が水準以上の作品に仕上げていく。この方式だと絶えず新しい若い力を注入しながら、シリーズとしての統一性をもった完成度の高い脚本を生み出すことが出来る。その上、この方式を取ると、一人の脚本家がどんな長寿番組でも、全作品に目を通すことが出来る。

しかし、この方式をとるためには、どんな脚本の直しにも対応出来るシナリオ技術を持った優れた脚本家が必要だ。その役目を小川は十二分に果たしてくれた。後年、平成9年から、舘ひろし主演で、梅浦と共に、5本の二時間スペシャルを制作したが、この時、小川は残念ながら亡くなられていたので、脚本作りはしばしば難航して、小川の力の偉大さを思い知らされた。小川がもう少し長生きをしていてくれたらとつくづく思った。舘ひろしの『太陽にほえろ！』は5本目にして、もうこれ以上本家の『太陽にほえろ！』の名前を汚してはいけないと制作の続行を断念した。

二人目は、萩原健一である。『太陽にほえろ！』は、ボスの石原（これからは親しみと尊敬を込めて〝ボス〟と呼ぶことにする）以下、露口、竜、小野寺、下川の五人のレギュラーの功績が大きかったことは万人が認めるところであるが、この五人の考え方、演技のあり方は、私にも理解出来たので、シナリオ段階で見当がついたが、萩原健一の考え方は、全く私の理解を超えたもので、新鮮なものだった。しかも、萩原の考え方は、当時の若者の共感を得ていた。私は、この萩原の考え方を充分に学ばせてもらった。昭和30年代の後半から、40年代の半ばくらいまで、いわゆる１９６０年代の未曾有の経済発展を遂げた時代に生きた若者たちと、その発展にかげりが見え、70年安保を経験した70年代の若者たちの考え方とは、天と地ほどの違いがあったのだ。萩原は私にそれを教えてくれた。私は、それを〝挫折の美学〟と解釈した。そして、それをもっと推し進めて、〝死の美学〟に発展させ、『太陽にほえろ！』の特産品、〝殉職劇〟を生んだのだ。もう少し後で詳しく述べるが、年末時代劇として脚光を浴びる『忠臣蔵』『白虎隊』にも繋がって行く。

萩原はもう一つ『太陽にほえろ！』に大きく貢献してくれている。それは、『太陽にほえろ！』の一つの看板にもなったテーマ曲を作曲してくれた元スパイダースの大野克夫を紹介してくれたことだ。いぶかる私に、「いいから騙されたと思って大野克夫を使ってみてよ」と強く要望して来た。結果はもう皆さんご承知のように、大ヒットを飛ばした。当時、歌手の歌入りでなければ、レコードは売れないと言われていたが、再版、再版で需要に追いつかないくらいのヒットだった。それればかりか、この劇版収録方式は新発見として、テレビ映画のＢＧＭの世界を一新させてしまった。それまでの、テレビ映画のＢＧＭは、スタジオ・ミュージシャンを集めて、オーケストラを組み、かなり大掛かりに行われていたのだが、このヘッドアレンジという方式をとると、4、5人のプレイヤーで完成されてしまう。たまたま、一本の録音テープに数チャンネルの録音が出来るようになったという技術革新があったことも手伝い、この作品以後、殆どの作品、特に私の作品では、この方式をとることになった。〝俺たちシリーズ〟のチト河内率いる「トランザム」、『俺たちは天使だ！』の芳野恭郎の「SHŌGUN」、『いろはの〝い〟』のミッキー吉野の「ゴダイゴ」と続いていく。但し、この方式には欠点もある。それは、次から次へと音を重ねて録音していくので、テープが完全に出来上がってみないと、どんな音楽に仕上がるのか分からないことだ。もっとも私のような音楽音痴には、曲の全貌が分かったとしても、どうせ的確な判断などつかないのだから、なんの支障もなかったが……。

このような点で、萩原健一は、『太陽にほえろ！』の成功の殊勲者であったと思う。それればかりでなく、私の昭和50年代のドラマ制作に多大な影響を与えてくれたものと心から感謝している。

三人目は、竹林監督である。三番目に挙げさせてもらったが、本来なら一番目に書かなければいけなかった人である。竹林監督がこの番組に参加してくれなかったならば、『太陽にほえろ！』はあれ程長くは続かなかったと思う。前にも書いたが、番組を多年に渡り作り続けるためには、A班と称して通常のスタッフで年間40本の作品を作り、その上に、B班で12本を作って、合わせて52本、これで、1年52回の放送をまかなわなければならないのだ。普通のペースでいけば、15日で2本撮れる計算をしているのだが、なかなか計算通りにはいかない。ロケが多いシリーズなので、雨や雪が降れば簡単に1日、2日と延びてしまうし、警察犬のような動物が出たり、俳優（ゲストも含めて）のスケジュールが合わなかったりするとまた延びてしまう。役者の方は、自分の出番だけ来ればいいのだが、スタッフの方は毎日仕事だから、2本撮ると、どうしても1日は休まなければ体がもたない。夏休みとか、土曜、日曜、祝日などの休みは我慢してもらうが、お正月くらいは休みにしなければならない。そうなると、年間40本撮らなければならない――正味300日――ということは、かなりきつい。どうしても、予定の2本15日を、14日、13日で撮って、撮影日数を稼いでくれる監督が必要になる。監督としては、自分の作品の撮影日数は1日でも多く欲しいのが当たり前なのだが、チーフ監督としての責任感の強い竹林監督はいつもその損な役割を嫌な顔一つせず、引き受けてくれた。

竹林監督は、撮影が早いだけではない。早いだけの監督ならどこにでもいる。竹林監督の作品は、出来も素晴らしいし、視聴率も稼ぐ。出演俳優、スタッフのうけもいい。萩原健一が最終的に出演をＯＫしてくれたのも、「俺は君の走る姿を撮りたいんだ！」という竹林監督の一言だった。あまりにも撮るのが早すぎて、「今、何処撮ってるんだ」などと、ボスが慌てたこともあるが、太陽チーム全員が竹林監督を信頼していた。竹林監督が病に倒れた時、本当に親身になって病院を世話してくれたのもボスだった。何故、竹林監督の作品は視聴率を稼ぐのだろうと考えたことがある。その秘密はドラマに思いきった緩急をつけていることだと悟った。見せ場に来ると、監督は遮二無二押した。そして、そうでないところは、思いっきりリズムを上げていた。撮影段階でも、見せ場はカットを細かく、そうでないところは何にも凝らずに必要と思われることだけを手っ取り早く描く。これが、作品を早く仕上げ、なおかつ、視聴率を稼ぐ秘訣なのだと思う。

第1話の「マカロニ刑事登場！」も、マカロニ刑事の最後を看取った第52話「13日金曜日マカロニ死す」も、松田優作の『太陽にほえろ！』の中の最高傑作第72話「海を撃て!!ジーパン」も、第１１２話「テキサス刑事登場」も、シリーズ中、最高視聴率42・5％を獲得した第２１６話「テキサスは死なず」もみんな竹林監督の作品である。しかし、非常に残念なことに、竹林監督は『太陽にほえろ！』の撮影中、病に倒れられてしまった。残念というより、私も梅浦も、プロデューサー・サイドは、作品のことばかり考え、過酷な仕事をみんな竹林監督に押し付けていたことを、誠に申し訳なかったと思っている。死を早めてしまった原因でもあるかも知れない。

《番組を制作する中で、教えられたこと》

本格的な刑事ものは初めてだったので、この番組を始めたころは、随分恥かしい失敗をした。一番大きかったのが、鉄砲の扱いだった。今だからもう公表してもよいと思うが、撮影に本物のライフルを使ってしまったことだ。こっちが無知だったことを分かってもらい何とか助かったが、早速に警視庁に呼び出され、銃刀法違反で捕まって書類送検されそうになってしまった。

ところが、それから数カ月しか経たない内に、今度は「鋲打ち銃」を使って、また呼び出されてしまった。建設用工具の「鋲打ち銃」も法律的にはライフルと同じだということをその時初めて知った。先のライフル事件で、「もう二度と致しません」と始末書を書いたばかりだったので、「これで二度目ですよ」と担当の刑事さんに叱られてしまった。差別用語を使っている回——第一次放送では差別用語でなかったものが、数年後、再放送時に差別用語になってしまった——も含めて、数本が再放送できなくなっている。

次なる大きな失敗は、番組をはじめた頃、警察官が地方公務員で、警視庁から東京都以外の県の県警に移ることはできないということを知らなかったことだ。上司が失敗した新米刑事に向かって、「そんなことでは地方に飛ばされるぞ！」というセリフを書いてしまった。つい言いたくなるセリフで、今でも二時間もののサスペンスドラマなどでは、このようなセリフを聞く。私が『太陽にほえろ！』を始めた頃は、視聴者がまだ警察のことをよく知らなかったので、「嘘」をついても許されていたが、今では、「刑事もの」が氾濫したお陰で、捜査令状なしに容疑者の家に入ったりすると、途端に電話が鳴り、怒られてしまう。携帯電話が普及してしまったことと共に「刑事もの」はどんどん作りにくくなっている。

『太陽にほえろ！』を作っていて、いつも現場にしつこく言っていたことがある。それは、登場人物たちが、ドラマの中とはいえ、交通違反を犯すことだ。黄色い線の引いてある追い越し禁止の場所で追い越したり、運転する刑事がシートベルトを締めていなかったりすると交通違反の現行犯になってしまう。現場からは、「犯人を追っている緊急時に、もたもたシートベルトを締めていたのでは、緊迫感がなくなる」と抗議された。ドラマの設定上、劇用車のナンバーを外交官ナンバーにつけ替えているところを住民に見られ、警察に通報されてしまったこともあった。

番組の初めのころは、警察からよく怒られていたが、半年くらい経つと、現場の警察官はよく応援してくれるようになった。われわれの番組では、いつも現場の警察官の苦しみや悩みを描いていたので、番組に共感を抱いてくれていたのだ。『太陽にほえろ!』では、悪いのは大抵エリート警官なので、日頃の鬱憤を晴らすのかもしれない。撮影隊に向かって警官がやって来るので、また叱られるかと思っていると、「ご苦労さん」などと言われたこともある。番組のファンだといって、わざわざ撮影所を訪ねて来て、逮捕の仕方や（逃げる犯人は捕まえようとしないで逆に背中を押す）、調書の書き方などを教えてくれた本当の刑事もいた。取り調べ室で暴力を働くと、裁判で自白を強制されたということで無罪にされてしまうこと、憎い犯人を捕まえるときでも、殴ったりせず、指を折り曲げたり、足を踏みつけたりなるべく目立たない方法で犯人を痛めつけるというようなことも、その時教わった。こんな些細なアドバイスも大変参考になった。

《『太陽にほえろ!』アラカルト》

1　七曲署の由来……

最初の企画書では乙女署ということになっていたこともあるが、その後、スタート当時、制作主任だった人の名前が「大曲」だったので、その名前に因んでつけた。

2　原作者「魔久平」……

このシリーズは、前述のように、私と梅浦と小川の三人で作りあげたので、三人共通のペンネームを作った。「エド・マクベイン」のもじりだ。

3　ファンクラブ……

われわれが知っていただけで、四つのファンクラブがあった。しかし、これらは自発的にできてしまったものだ。しかも、女子高校生が主宰して、会費まで取っていたので、何か間違いがなければいいがとひどく心配した。今やその女子高校生たちも、結婚して子供たちと幸せに暮らしている。

4　野球大会……

昭和52年3月25日、春休みを利用して後楽園球場で『大都会PARTⅡ』と対戦した。前の日から徹夜で並ぶ女子高校生のファンが数十人にのぼり、後楽園前の交番から呼び出しを受け、叱られてしまった。もちろん、内野席は二階まで超満員、当時のパ・リーグの試合より観客が入ったという。その時、「七曲署」という名前のお弁当屋から（埼玉県に実在）差し入れがあり驚いた。試合は5対6で『太陽にほえろ！』は惜しくも負けてしまった。以後、毎年後楽園で試合を行ったが、まだ野天の球場だったので、雨にたたられ、中止になって大混乱に陥ったこともある。雨の心配をしないですむドーム球場は素晴らしい。

この野球大会は、お客が沢山入り、人気のあるイベントとなったが、「太陽チーム」は一度も勝てなかった。最後には、法政大学の女子大生の野球チーム「ミス・ブー」にまで負けてしまった。

第一回　野球大会の記録

『スコッチ刑事送別・『大都会PARTⅡ』放送開始記念野球大会』

『太陽にほえろ！』チーム　　　『大都会PARTⅡ』チーム

一番　レフト　勝野　洋　　ピッチャー　小野武彦
二番　セカンド　露口　茂　　ライト　峰　竜太
三番　サード　小野寺昭　　ファースト　渡　哲也
四番　ファースト　沖　雅也　　サード　石原裕次郎

五番　ショート　竜　雷太　ショート　松田優作
六番　ライト　下川辰平　セカンド　高品　格
七番　センター　平田昭彦　レフト　神田正輝
八番　キャッチャー　宇仁寛三　キャッチャー　小島克己
九番　ピッチャー　宮内　淳　センター　粟津　號

勝野洋が転倒してフライをキャッチしたり、石原裕次郎が強烈なサードライナーを好捕したり、松田優作が一塁から二塁を経て三塁まで一気に盗塁して拍手を浴びた。

5　カレンダー……

毎年12月にレギュラー刑事の個別のポスターを利用してカレンダーを作り、実費販売した。大変な人気で、警視庁などに持って行っても喜ばれた。この時、一緒になって発売した「笑点」のカレンダーは今年も売られている。

6　三本のSEX話……

SEXに関する話題は一切扱わないと決めたが、第20話「そして、愛は終った」、

第41話「ある日、女が燃えた」、第４３９話「ボスの告発」の三本だけはＳＥＸ絡みの話になった。第20話は近親相姦、第41話はコールガール、第４３９話はレイプされた少女の話だった。しかし、いずれの話にも、映像的にはＳＥＸのせの字も出て来ない。大人がこの作品を見た場合には、話の裏にＳＥＸの問題があることが分かるが、少年が見た場合は、全くＳＥＸを感じず、よくできた推理物として、面白がってくれたと思う。智恵さえ出せば、こんな脚本も作れることを自慢したい。

7　テロップの挿入……

第77話「50億円のゲーム」、水源地に青酸カリを投げ込むという話だったが、水道局から「相当の量を投げこまなければ大丈夫」という話をもらったので、番組を中断して、その旨のテロップを10秒間流した。後にも先にもドラマの流れの中で、画面を中断してテロップを放送した番組などないと思う。

8　手話の挿入……

ゴリさんが耳の聞こえない女性に恋をしたため、第４６２話「あなたにその声が聞こえるか」と、それに続くゴリさん篇2本に手話を入れた。これも大冒険だったが、シリーズの視聴率が良かったので、こんな冒険も許された。視聴率もそれによって下がったということは無かった。

9　事件の何も無い警察署の一日……

いつも血なまぐさい犯罪ばかり描いているので、一回くらい犯罪のない話を作ろうと考えた。第215話「七曲署一係・その一日」。楽しく、温かい作品だった。

10　浜美枝と藤岡琢也……

このお二人にはそれぞれ同一人物として、何回も出演していただいた。お二人とも『太陽にほえろ!』を気に入っていただき、「次の出番はいつですか?」と催促されたこともあった。藤岡の話の担当は市川森一で、犯人に撃たれた銃弾が、たまたま拾ってポケットに入れておいたゴルフボールに当たって命拾いしたというばかばかしいが面白い話を書いてくれた。

11　海外ロケ……

所轄の刑事が揃って海外に出張するなどということは、まず無い事なのだが、「七曲署」では良く海外出張をした。中でも、放送開始10年目を迎えた作品で、カナダのロッキー山脈にロケした時の話で、ロッキー（木之元亮）の殉職を扱ったこともあって思い出深い。そのシナリオ・ハンティングは、恥かしながら私の初めての海外旅行だった。それまで、三日と続けて休暇がとれなかったので、行きそびれていたのだ。丁度その時は真冬で、凍え死んでしまいそうな寒さにはまいったが、――実際、車で走っていて、ガソリンが切れそうになり、もし切れたら全員凍死だと言われて真っ青になった――ロッキー山脈の美しさに圧倒された。鹿やリスが街中を闊歩している姿にも驚いた。こんな風景を想定して、カナダの大自然を背景にしたスケールの大きいシナリオが出来上がったが、いざ撮影隊が現地に行ってみると、もう夏になっていて、山はただの岩山、動物たちは一匹もいない。「一体何を見てきたのだ」とカメラマンに怒られてしまった。海外ロケの難しさを痛感した。

12　困った事二つ……

一つは王選手の756号記念のホームランで、もう一つはキャンディーズの解散コンサートだ。王選手の場合は、もしかしたら756号が出るかも知れないという日がたまたま金曜日に当たり、その日は『太陽にほえろ！』の放送を一回休んでくれというものだった。それまで『太陽にほえろ！』はナイターの裏番組になったことはなかった。野球より『太陽にほえろ！』の方が視聴率が高かったからだ。おまけに、この回はオーストラリア・ロケを敢行、前後編の後編の放送予定日だった。せっかくの大ロケーションの放送が中断されては元も子もない。会社に向かって大反対をした。とうとう社長にまで呼び出される大騒動になってしまった。こうなっては、サラリーマン・プロデューサーの弱さで、放送を断念しなければならなかった。第２６６話「逃亡者」と第２６７話「追跡者」の間の出来事だった。そして、この回以後、『太陽にほえろ！』もナイターの裏番組として組まれてしまった。

もう一つの困ったこととは、昭和53年4月7日『キャンディーズの解散コンサート』が裏番組として放送され、はじめて15・3％と20％を大きく割り込んでしまったことだ。『太陽にほえろ！』は、お正月に組まれたとき以外、20％を割ることはなかった。そのため、私のショックは大きかった。『太陽にほえろ！』の裏番組を逃げていた対抗局の編成者も、この事件に力を得たらしく、この時から当たりそうな番組を惜しげもなく組んで、向かってくるようになってしまった。それまで、『太陽にほえろ！』の終末を考えたことなど一度もなかったのだが、この事件から、いつ、どういう形で番組を終了するかを真剣に考え始めた。しかし、この放送は第２９７話、この後718話まで続いたのだから、その間絶えず終了のし方を考えていたわけで、——贅沢な悩みだが——高視聴率番組の止め方が如何に難しいかを物語っている。

13　データ……

面白半分で、次のようなデータを作って見た。長寿番組の特権である。この作品に掛かり合った脚本家は、小川英を頭に76人、監督は竹林進を始めとして17人。脚本家の中には、金子成人、古内一成、尾西兼一など、この作品のシナリオ公募に応募してデビューした新人もいたし、『ドラえもん』の声の大山のぶ代、『踊る大捜査線』の君塚良一もいた。多士済々である。監督は意図的に東宝出身者と日活出身者の方にお願いして、その両社の優れた伝統をうまくミックスして成功した。初めの頃、助監督の新米だった、鈴木一平、堀内泰治などがメガホンを取れたのも嬉しかった。視聴率のデータも面白い。延べにすると、——全作品の視聴率を足すと——ビデオで16455・8%、ニールセンで18606・1%、この数字は所帯数を表したものだから、一所帯三人が見ていたと考えると、60億人の人が見てくれたことになる。日本全人口の50倍の人数に当たる。

14　ホームページ……

番組として作ったわけでもないのに、この番組のホームページができている。ファンの一人が作ってくれたらしい。有難いことだ。後年、『七曲署捜査一係』を制作すると、ホームページの名称も「七曲署資料室」と変った。何と現在までに、100万回のアクセスがあったという。『七曲署捜査一係』を作ったときは、監督をつとめてくれた村田監督がこのホームページに参加、いろいろと有益な意見をもらった。このホームページに参加してくれていた何人かの方々には、エキストラとして、出演もお願いした。遠いところから、電車賃を自腹で払って参加してくれた。番組が終了して、何年経っても、こんなに熱心に応援してくれる人たちがいてくれると思うと、この番組を制作してよかったなとつくづく思う。

《番組内のシリーズ》

『太陽にほえろ！』には幾つかのシリーズがある。社会還元ドラマ、対決シリーズ、警察犬シリーズ、刑事の家族愛シリーズなどである。

社会還元ドラマ……

昭和52年4月15日（247話）に「家出」という作品を放送しているが、この作品は実際に家出してしまった少女がいて、その父親から「娘は小野寺昭の熱狂的なファンだから、何処かできっと『太陽にほえろ！』を見ていると思うので、番組の中で『親が心配しているから帰って来て欲しい』と訴えてくれ」と頼まれて制作したものだ。個人的なことを番組の中で告知することはできないので、それではドラマの中に家出少女を設定し、その少女に向かって、小野寺扮する殿下が「家に帰るよう」説得するストーリーを作りましょうということになった。現実にはこの作品を撮影している最中に、偶然お嬢さんが見つかったのだが、われわれの努力には親御さんが非常に感謝してくれた。このことがあって、『太陽にほえろ！』は高い支持を頂いているのだから、何か視聴者に報いることができないものかと考え、この社会還元ドラマ・シリーズを作ることにした。若い人に老人を理解してもらうための話、盲学校の生徒たちを励ます話、当時、自殺の低年齢化が問題になっていたので、少女の自殺を思い留まらせる話、いじめに対処する話など十数本を制作放送した。

対決シリーズ……

昭和50年8月29日第163話「逆転」で、露口茂扮する山さんが、全編、殆ど取調室だけで西村晃と対決した。この話が面白かったので、数年後、第３８０話「見込捜査」から4本、次々に放送した。このシリーズは『太陽にほえろ！』を充分大人の鑑賞に耐えるものとして、格上げしてくれた。

警察犬シリーズ……

『太陽にほえろ！』では、警察犬を擬人化して描き評判を得た。監督と役者たちは「また犬ですか」と一寸嫌な顔をしたが、何しろ視聴率が取れるので昭和50年1月24日の「走れ！ナポレオン」から、８本も制作した。監督は、犬がなかなか思うように動いてくれないので――当然のことだが――、手間がかかって困るし、「犬が笑う」などというト書きを書かれてはどう撮っていいのか分からなくなってしまうと嘆いた。役者の方も、折角いい芝居をしても犬でＮＧ。多少失敗しても犬がいい芝居をするとＯＫ。割の合わない仕事になってしまうのだ。プロデューサーだけが笑っていた。

刑事の家族愛シリーズ……

これは『太陽にほえろ！』が成功した一つの要因となっているが、刑事たちの家族の姿を継続的に追って描いた。〝刑事のドラマ〟を作ろうと思うとき、その家族の

〝愛〟を描くことは絶対に必要であるし、視聴者の関心を引く事でもあると思った。当番組でも、山さん夫婦の話、長さんの家族の話――このシリーズでは子供たちの実年齢に合わせて劇中の人物の年齢も上げた――、竜雷太扮するゴリさんと小野寺昭の殿下のそれぞれの恋愛劇、それに木之元亮扮するロッキーと長谷直美扮するマミーの結婚から双子の赤ちゃんを産む話まで、ことごとく大成功した。しかし、この家族の話は、登場人物すべてを不幸にしなければ成功しない。「少しいじめ過ぎではないか」と視聴者からクレームがついたが、長さん一家以外は、断固この方針は貫いて、次から次へと不幸になる設定を考えた。まさに〝鬼〟のようなプロデューサーであった。

《ベストテン》

ここで私の思い出に残るベスト10本を選び披露したい。

1　第23話「愛あるかぎり」
山さんが人質になった奥さんの命を救うため、泥だらけのりんごを食べる話。究極の〝夫婦愛〟の物語だ。

2　第35話「愛するものの叫び」

『太陽にほえろ！』初期のテーマ〝挫折〟を最もよく表した話として気にいっている。

3　第52話「13日金曜日マカロニ死す」

〝殉職〟第1回作品として……。小川英が書いてくれたこの脚本には一点の非もなかった。

4　第79話「鶴が飛んだ日」

視聴者の女子高校生がシナリオを送ってきた。この作品のお陰で視聴者の観たいものが分かった。

5　第242話「すれ違った女」

映像で表現できないと言われていた匂いを使って謎を解いた。傑作中の傑作と自負している。

6　第312話「凶器」

石原裕次郎のアクションで見せた作品。ボスはアクションシーンの時、服の下につけるサポーターを何もつけずに壮絶なアクションを見せてくれた。

7　第489話「帰って来たボス」

療養生活で長いこと番組を休んでいたボスがクリスマスに放送したこの作品で復帰した。最高の贈り物だった。お祝いにゲスト出演をお願いした宍戸錠、長門裕之も大変喜んでくれた。

8　第571話「誘拐」

二時間ものスペシャルで、『太陽にほえろ!』の中で唯一原作を使った話。エド・マクベイン原作で、黒澤明も映画化した作品である。

9　第625話「四色の電車」

「シナリオは足で書くのだ」と小川師匠に言われた古内が、本当に東京中を歩き回り、四色の車両が一箇所に集まる車庫があることを発見。それを見事にドラマに取り入れてくれた。

10　第718話　最終回「そして又、ボスと共に」
ボスがわれわれに対して遺言のように、「命の大切さ」を説くセリフがある。このセリフはシナリオにはなく、ボス自身の言葉だった。犯人に誘拐され、命の危機に見まわれているジーパン二世の新米刑事、又野誠治扮するブルース刑事を救うために、犯人の妹からその居所を聞き出すシーンである。

《ボスのセリフ》
「俺はね。5年前にさ、心臓を切った大手術をしたんですよ」で始まり、現実の自分の体に悪いのも顧みず、タバコをうまそうに吸いながら、「ずいぶん部下を亡くしたよ。部下の命は俺の命。命ってぇのは本当に尊いものだよね」と続け、沖雅也扮するスコッチ刑事の殉職の話を挟み、「今また一人、若い刑事の命が消えかかっているんだよ。そいつぁね、ちょっとがさつな男なんだけど、今年赤ん坊が生まれたんだよ。まだ乳飲み子なんだけどね。そいつと、その子供を会わせてやりたいんだ」
このシーンは、ワンカットで、延々と7分続いた。台本にない芝居で、しかもリハーサル無しのぶっつけ本番で撮られたもので、監督も、カメラマンも次に何が起こるか、全く分からない状況の中での撮影だった。だから、当然、ボスも自分の境遇とダブらせて、即興で演じてくれたのだ。われわれは、このセリフを今でもボスの遺言と捉えている。合掌。

《なぜ『太陽にほえろ!』は当たったのか?》

一話一話の面白さや、新人刑事の殉職などの話題作り、レコードのヒットなどなど、その原因は沢山挙げられるが、一つ挙げろと言われれば、〝レギュラー刑事たちの心の温かさ〟だろう。これは刑事を演じてくれた俳優たちばかりでなく、脚本家、監督、スタッフ全員の心の温かさが画面に滲みでたものだと思う。この〝温かさ〟は、前に石原慎太郎邸を訪ねた時に感じた〝夢と心の余裕〟に通じる。やはりわれわれは石原一家だった。ボスのリーダーシップのもと、スタッフ・キャスト全員が楽しく和気藹々と番組に取り組めた雰囲気が番組を成功させたのだ。

《なぜ『太陽にほえろ!』は14年も続いたのか?》

視聴者の嗜好は時代とともに凄まじい勢いで変っていく。一つの番組ではなかなかそれに合わせていくことができない。そのために、長寿番組はなかなか生まれて来な

七曲署捜査一係メンバーは節目節目に懇親会を催した。
その時のスナップ。写真向かって左より露口茂、石原裕次郎、勝野洋、竜雷太、小野寺昭――と、いうことは「テキサス刑事篇」の撮影中に催されたもの

いのだ。しかし、幸いにも『太陽にほえろ！』では、新人刑事の殉職という儀式があり、次から次へとレギュラーの役者を替えることができた。そのため、番組のカラーを視聴者の嗜好の変化に合わせることができたのだ。マカロニ、ジーパン時代の「挫折」から始まり、テキサス、ボン、ロッキーの「安定」、その時期におけるゴリさん、殿下の「ロマンス」、山さんの「推理」、スコッチの「非情」、山さん、殿下、長さんの「社会性」、そして、『笑ってる場合ですよ！』『オレたちひょうきん族』などの人気番組が放送されて漫才

ブームが巻き起こると、ドックの「笑い」、ジャニーズがうければ、ラガーの「アイドル」とたくみに番組のカラーを変化させることができた。最初の企画段階では予期できなかったことだったが、流れのなかで、うまく機能していったのだ。幸運だったと思う。

《なぜ『太陽にほえろ!』の最終回は素晴らしかったのか?》

『太陽にほえろ!』を始めた時、5年は続けたいと思っていたが、14年も続いたので、いつ終わっても何ら不服はなかった。ただ、ボスの病気のために終わったことには悔しさが残る。われわれは、ボスが倒れたとき、会社やスポンサーから、係長の代役を立てて番組を続けてくれと言われた。石原プロからも、「代役を立ててもいいよ」というボスからの伝言をもらった。しかし、われわれはこの注文を断固拒否した。ボスがいないときも、ボスの椅子には誰も座らせなかった。椅子を空けておけば、ボスも早く病気を直さなければと思い、頑張ってくれるかも知れない。その気迫に賭けて見たかったのだ。何としてでもボスに元気に帰って来て欲しかった。いないボスがいるように見せるために、劇中、誰もいない係長のデスクに向かって、山さんが「ボスだったらどうしますか?」と問いかける芝居も作った。

しかし、石原プロから最後通牒をもらってしまった。それならば、せめて最終回にはボスに出演して欲しいと思い、あつかましくも、渡哲也に、ボスの健康が一時的にでも出演可能の状態になるまで、『太陽にほえろ!』を守って下さいとお願いした。それから3カ月、渡はボスの大番頭の役をこなしてくれた。頭が下がる思いがした。

いよいよ最終回、ボスの状態が小康状態を保ったので、最後の出演作を作ることにした。当初は、ちょっと出てもらうだけでもいいと思っていたのだが、出る以上はきちんと出たいというボスの希望で、かなりの分量出演してもらうことになった。そして、犯人の妹から、その犯人の居所を聞き出す芝居で、前述の如く、全くのぶっつけ本番、すべてボス自身の言葉で、その場面を演じてくれた。われわれは、そのセリフから、ボス自身の「まだ俺は生きていたい、映画を作る仕事が残っているんだ!」という叫びを感じた。この時の撮影には立ち会えなかったが、完成試写を見た時、思わず涙を流した。

こんな思いで作った最終回である。面白くないはずがない。718本の作品の中でも1、2の出来であったと思う。

そして、最後に、「14年4カ月……長い間のご支援ありがとうございました」というテロップを流して、番組の幕をとじた。決して「終」とは出さなかった。

最後に、ボスの復帰まで番組を支えてくれた渡哲也と突然の番組終了の後始末のために、『太陽にほえろ！』ＰＡＲＴⅡの係長を務めてくれた奈良岡朋子に心からの感謝を捧げる。

『傷だらけの天使』

『太陽にほえろ！』を制作していた時、萩原健一は度々「犯罪の動機から、ＳＥＸの問題を除いてしまうのは不自然だ」と文句を言ってきた。確かに、実際の犯罪は何らかの形でＳＥＸが絡んでいるものが大部分のようだ。しかし、私は、断固ＳＥＸに関する動機や描写を拒絶した。刑事ものを制作していると、どうしても犯罪形態を描かなければならなくなる。そうすると、それを見て、真似するバカな人間が必ず出て来る。ピストルとか、劇薬による犯罪ならば、その道具を手に入れなければならないのだが、ＳＥＸに関する犯罪には何も道具はいらない。おまけに、『太陽にほえろ！』は8時台の番組で、ＳＥＸに興味を抱き始める少年たちが見ている。彼らはまだものの善悪の判断が正確に出来ない。『太陽にほえろ！』を見て、それを真似て犯罪を犯した、或いはそれに刺激されたという少年が出て来る可能性が高いのだ。「放送時間帯が問題なら、遅い時間帯の番組をやらせてよ」ということになり、小さい子供たちの見ていない時間帯として、土曜日の夜10時の時間帯を選び、そこに萩原健一のための番組を制作することにした。当時にあって、夜10時は「深夜帯」だった。

この番組は昭和49年10月からスタートしたのだが、この頃、いわゆる70年安保も終わり、世の中、表面だけは安定した時代に入っていた。しかし、社会にはまだまだ色々な矛盾が残っていた。当然、若者たちは陰でそんな社会に反発していた。そこで、この番組では、テーマとして、「大人は全て悪で、その悪に善である二人の純粋な青年が体ごとぶつかっていく」という図式を置き、閉塞感に満ちた世の中に風穴を開けようというストーリー・ラインを作った。金のためなら何でもする、岸田今日子と岸田森の悪辣な探偵事務所に、萩原健一扮する木暮修と水谷豊扮する乾亨の二人が就職し、騙されても騙されても、騙され続けてこき使われる。その結果、とうとう最後には若者らしい純粋な心が爆発し、命の危険をかえりみず、事務所の命令に反した行動をとる。「これで俺たちの正義は通った」と溜飲をさげるのだが、事務所側の二人は、若い二人のそんな行動をちゃんと計算していて、抜け目なく大金をせしめてい

『傷だらけの天使』（1974-75）出演者

萩原健一　水谷豊　岸田今日子
岸田森　他

く。若い二人は結局大人の二人にいいように利用されてしまうのだ。こんな話を続けていって、若い二人の純粋さ、正義感、優しさなどを画面全体にぶっつけ、と同時に、狡賢(ずるがしこ)く立ち回った大人たちの勝利を皮肉って、視聴者の共感を得ていこうと考えたのだ。

実は、この企画意図、人物設定は私がゼロから考え出したものではない。そのヒントをもらった作品があったのだ。それは、『ペリー・メイスン』で有名なE・S・ガードナーがA・A・フェアというペンネームで発表した探偵小説である。ちょっといかがわしい初老の女性が、金に困っている二人組のチンピラを使って事件を解決していくという話だった。大学時代から探偵小説を読み漁っていたお陰で、こんなヒントを引っ張り出すことが出来たのだ。

企画の考え方は良かったと思うが、少しやり過ぎた。ストリップショーを見ながらマスターベーションをしたり、女優さんが修の部屋の中を全裸で歩き回ったり、白昼堂々とカーセックスを見せたりして、テレビの枠を大きくはみ出してしまった。『11PM』という番組が、裸を出すと視聴率が上がるという話を聞いていたので、こんな冒険を試みてみたが、視聴率はひどいものだった。考えてみると、この番組はテーマからいっても、若者に人気のあった萩原健一が主演していることからいっても、10代後半から20代の青年を対象にした番組だったので、『11PM』のように子供たちが自分の部屋に引き上げた後に、大人だけが見ていた番組とは違ったのだと思う。まだ自分の個室にテレビがある時代と違い、茶の間のテレビでは隣に親がいるので、その前で、こんなテレビを見るのは具合が悪かったのだろう。親の方も子供の前で、このような番組を見るのが照れくさく、結局テレビを消してしまったのだ。それが証拠には、後半、SEX描写を無くしたら、視聴率も20%近くまで回復した。

それにしても、この番組ほど日本テレビの会社内で評判の悪かった番組もない。いわく、「ふざけ過ぎている」「下品だ！」「ストーリーが分からない」と。御前会議と言われる会社の最高幹部の集まる会議でも、「内容が見るに堪えない」とかなり厳しく叱られてしまった。こっちとしても、せめて視聴率が良ければ何とか抗弁できるのだが、何も言えず、ただただ頭を下げて、会議の話題が次に移るのを待つだけだった。

ところがこの番組、不思議なことに、時が経つほどに評判が鰻登りに上がり、ウイークデイの4時から再放送をすると、第一次放送を上回る高視聴率を獲得した。そして、現在までこの番組の熱狂的なファンが存在し、私がこの番組に参加していることを知っただけで、急に尊敬の眼差しで見てくれたりする。この番組は、やはり、当時の若者たちに、相当のパンチを与えていたものと、この点では嬉しく思う。

この番組が、当時の若者たちからこんなに愛された理由は、この番組が監督に拘って作ったからではないだろうか。これまでのテレビ映画では、主役は脚本家だった。番組を企画する場合、先ず相談するのは脚本家だったし、優秀なメインライターを捉まえることが一番の仕事だった。別に監督を低く考えていたわけではないが、毎週1本は放送しなければならないテレビの特性からいって、シリーズの全作品に監督はタッチすることはできない、──監督はどう頑張っても年間20本以上撮れない──そこで、どうしても脚本家に拘って作ることになってしまうのだ。しかし、この番組に関しては、シリーズの一本一本を独立した作品と割り切って、監督第一主義をとった。この方式を取ったのも、萩原の意見に従ったものだが、萩原は自分で次から次へと映画界の優秀な監督を口説いてきてくれた。深作欣二、神代辰巳、工藤栄一、恩地日出夫などなど。この監督たちも、萩原のビビッドなキャラクターを面白がって、喜んでこの番組に参加してくれた。この番組がいまなお人気を保っている理由は、この監督陣のお陰なのだと思う。

もっとも、いくら監督に拘ったといっても、やはりドラマは基本となる脚本がしっかりしていないと人の心を打つような作品にはならない。この作品では、市川森一がその重要な役割を果たしてくれた。市川自身が言っているように、この番組は萩原健一と市川森一、それに私の同僚だった日本テレビの清水欣也プロデューサーの三人が夜な夜な遅くまで酒場で激論を闘わせて、創作してくれたのだ。この三人のドラマに対する情熱が、若者の心をとらえたのだと思う。ややサラリーマン化してしまった今のテレビドラマ制作者に、この三人の姿勢を見習って欲しいと思う。

では、私がこの番組でどんな貢献をしたのかというと、萩原の住む部屋をペントハウスにしたことだけかも知れない。現代の最先端をいくドラマを作ろうと思ったとき——萩原がそう主張していた——、主人公を何処に住まわせるかは重大な問題だった。われわれ企画集団で、何日も何日も考えたがなかなかいい案が見つからない。そんなある日、私は首都高速を走っていて、六本木に差し掛かったとき、俳優座ビルの二、三軒手前のビルの屋上に、人が住んでいる小屋が建っているのを見た。その瞬間、〝これだ！〟と思った。私のこのアイディアを更に生かしてくれたのが、恩地日出夫監督だった。監督は、制作ナンバー第7話「自動車泥棒にラブソングを」で、このペントハウスを真っ赤な壁紙で飾ってくれた。あのアイディアは抜群だった。あの赤い壁紙をバックに、度の強い眼鏡を掛け、新聞紙をナプキン代わりに使い、りんごをかじる萩原健一の姿は、われわれに強烈な印象を与えた。もっとも、後で聞くと、あのタイトルバックは性交を象徴したものだそうで、あの画面のあとについていた〝りんごを吐き出す〟カットを、私が「食べ物を粗末にする画は嫌だ」と切ってしまったので、射精が出来なくなってしまったと現場では不満だったらしい。それならそうと、その時、言ってくれればいいのにと言ったのだが、当時、私は『太陽にほえろ！』で、「絶対にSEX描写は罷りならん！」と言っていたので、言い出せなかったということだった。

最後に、この番組のBGMのことに触れたい。『太陽にほえろ！』では、大野克夫の曲を井上堯之バンド（もちろん大野も演奏家として参加している）で演奏してもらったが、今度は井上堯之の曲を大野克夫も演奏家として参加している井上堯之バンドで演奏してもらった。この主題歌も、『太陽にほえろ！』と同じく大ヒットし、後にCMにまで利用された。

『俺たちの勲章』

『傷だらけの天使』は、萩原健一の『太陽にほえろ！』における人気を引き継ぐために作ったものだったが、同じように、この作品も『太陽にほえろ！』で人気を博した松田優作をさらに一回り大きくしようとして制作したものだ。前年「ふれあい」を歌い、レコードの世界で爆発的人気を博した文学座の後輩・中村雅俊も加えて、このフレッシュな二人で、新しい「青春・刑事もの」を作ろうと考えたのだ。そのため、当初は『傷だらけの天使』の後番組として、土曜日夜10時の枠で放送するはずだった（昭和49年11月11日の企画書による。この時の題名は『助っ人刑事』だった）。しかし、放送日が近づくと、ドラマは制作費がかさむので夜10時には向かないという理由で、急遽水曜日の8時に移動されてしまった。4月スタートの8時台では「ナイター」裏になるので、視聴率が取りにくいと文句を言ったが、この土曜日10時の枠に編成された『ウィークエンダー』が、極めて低予算で、しかも高視聴率を取ってしまったので、何も言えなくなってしまった。

土曜枠は見事に成功したが、われわれの方は案の定苦戦した。しかし、作品の内容は素晴らしく、私の長いプロデューサー生活でも、こんな密度の濃い脚本にお目に掛かったことはなかった。メインライターの鎌田敏夫が執筆してくれた脚本は、今読み直して見ても、弾けるような青春、緻密な謎解きが盛りこまれていてびっくりする。私も、こんな理想的な作品の制作に関与していたと思うと、いささか鼻が高い。特に、第1話は秀れていて、放送された作品で撮影したフィルムを30分以上カットしなければならなかったのだが、それでも並の作品

『俺たちの勲章』（1975）出演者

松田優作　中村雅俊　北村和夫

鹿間マリ　五十嵐淳子　他

とは比べ物にならないほど面白く、ノーカットのラッシュではもっともっと面白かった。監督もどのシーンをカットしたらいいか、頭を悩ましていたが、とにかく、時間を合わせなければならないテレビの宿命で、泣く泣くのカットだった。よほど前後編にしようかと思ったほどだ。

この作品では企画段階で、五つの約束事を設定した。

イ　愛のドラマであり、優しさのドラマであること。

中野祐二（松田優作）は「人間である前に刑事でありたい」と願い、五十嵐貴久（中村雅俊）は「刑事である前に人間でありたい」と主張。しかし、二人はドラマの最後では、必ず「刑事であること」を選ばなければならなくなる。中野祐二の願いはあくまで建前としての願いであり、心の中には〝優しさ〟が詰まっていて、土壇場になると、人間であることを望むし、五十嵐貴久も刑事であるために心ならずも人を傷つけてしまう。二人にとってこの結末は大きな〝挫折〟である。この〝挫折感〟を美しく描くことで、人間賛歌を詠うこととした。

ロ　青春ドラマであること。

中野（松田）とアラシ（中村）が所属する神奈川県・相模警察本部前にての2ショット。
『俺たちの勲章』（75年）を象徴するイメージショットだ

二人の主人公は、若さ故に正義感に富み、邪悪な権力に対抗する。あらゆる可能性に挑戦し、自分の命をも投げ出して何ものも恐れず闘っていく。特に自分より強いもの、大きいものにファイトを燃やす。二人は極めて体制側に属する刑事という職業にありながら、時として、反体制的動きをし、法律によるよりも、彼ら自身の感情により犯人を追いかける。こんな二人をビビッドに捉え、「刑事もの」である前に「青春もの」として作ることにした。

ハ　性格の全く違う二人の物語として。

極端に性格が違い、そのためいつも言い合いをしているが、いざとなると、お互い命を投げ出して協力する二人の友情物語としたいと思った。五十嵐貴久は「犯罪者をひっとらえるのが、おれの仕事だ！」というのに反し、中野祐二は「犯罪者を一人でも増やさないのが刑事の仕事です」と言い返す。中野祐二は「執拗に証言を求めたり、暴力を使ってまで犯人を追い立てる」が、五十嵐貴久は「優しすぎて、証人が困ることは聞けず、犯人を捕らえるのに、回り道をしてしまう」。こんな二人の刑事の性格の違いを浮きたたせてドラマを綴っていくこととした。

そのために、われわれは、次頁にあるような表を作った。

中野祐二		五十嵐貴久
黒い革の上下 体にぴったりのもの	衣	ベージュの三つ揃い スーツ
大酒飲み	食	甘いもの 大喰い
アパート	住	下宿
賭け事	趣味	弾き語りで歌を歌う
空手	闘技	無鉄砲に暴れる
クール、非情	性格	心の中がホット、 優しい
腕力を振るい過ぎる	欠点	ダマされやすい
天涯孤独	家族	田舎に母と妹
見向きもしない 女を叩いたりする 但し、謎の女と恋仲	女	美人を善人と思う すぐ女を好きになる フェミニスト
銃身は長いが大型	拳銃	与えられたものを無 頓着に使う
25歳	年齢	23歳
走ること	特技	泣き落とし
怠け者	その他	おっちょこちょい

ニ　西部劇をモデルとしたスポーティなアクションを売り物にする。

この作品では、松田優作のアクションを見せるのが目的の一つだったが、暗くなったり、陰惨になったりするのを避けるために、「西部劇」を代表とする「アメリカ製のアクションドラマ」をイメージすることにした。ジョン・ウェインを少しやせさせたのが松田優作で、エディ・マーフィーのむちゃくちゃアクションが中村雅俊だった。このドラマはあくまで、爽快なアクションドラマとして仕上げることを目標とした。

ホ　地方ロケを番組の売りとする。

前述の昭和49年11月11日の企画書では、題名が『助っ人刑事』になっている。まだ『太陽にほえろ!』を制作・放送していたので、何とか違いを出すために、『東京バイパス指令』の例に倣い、〝二人の刑事もの〟として、この番組を企画したが、それだけではまだ差別化が足りないと考え、〝地方に出張する刑事〟として設定した。当時、東京では規制が厳しくなって、なかなか思うようなアクションシーンが撮れなくなっていたので、地方に出て、規制の少ないところへ行けば、撮影がし易くなるとも思った。ドラマのバックになる景色もいつもビルばかりが映るのを避け、〝空〟や、〝海〟

中野とアラシの友情という言葉などでは表現し切れない、“男の関係”が本作の魅力だった

や〝川〟を入れ、「青春もの」の味を出すことも、この約束事の目的の一つだった。

この五つの約束事は、番組にことごとく生かされている。鎌田以下脚本家の面々も、みんなまだ若かったので、それぞれの「青春」をぶつけてくれたし、第1話の監督、澤田幸弘監督を始め、監督陣も日活系の方が多かったので、派手なアクションを展開してくれた。その結果、〝男の心意気ドラマ〟として、四半世紀経った今でも充分楽しめるものになっている。私としても、最も気に入っている企画だし、誇りに思っている作品だ。

この作品が面白く上がった原因は、企画、脚本、監督の腕の確かさだけでなく、松田優作と中村雅俊の好演も見逃せない。もともと彼らの〝地〟に合わせて性格が設定されていたとはいえ、彼らの熱演がなければこの番組の成功はあり得なかっただろう。第1話のラストのアクションで、二人の魅力は十二分に発揮されている。援護してやるから突っ込めと中村に言いながら、中村が飛び出しても全く援護しない松田。中村がその訳を聞くと、「拳銃ではここからでは届かないよ」とあっけらかんとして言う松田。怒る中村。この絶妙な二人のやり取りに始まって、証言者の恋人の死に涙を流す中村。任務の上とはいえ、その若者を射殺してしまったことを哀しむ松田。二人の優しさには心を打たれる。第2話でも、無差別にライフルを撃ちまくる犯人に対して、自分を狙わせてその犯人を逮捕しようとする中村。そんな中村を見て、中村と一緒に犯人の銃弾に身をさらす松田。第2話をご覧になった方は思い出されることと思うが、胸にバラの花をつけて横浜の街を並んで歩く二人には、感動をもって拍手を送ってしまう。

このシリーズにも幾つか読者に伝えておきたいことがある。その一つは、登場人物の名前のことである。前にも記したが、企画書を書く時、登場人物の名前を考えるのに無駄な時間がかかってしまうので、今回は東京近郊のＪＲの駅名を当てはめることにした。中野、渋谷、大崎、上野、目黒ｅｔｃ。わりとうまくいったのだが、脚本の鎌田がそれでは余りにも安易だといって、主役の中村の役名だけは「五十嵐」と変えた。二つ目は、図らずも第14話「雨に消えた…」で、中村が犯人役でゲスト出演した五十嵐淳子と結婚してしまったことで、三つ目は、主題歌のことである。このシリーズでは吉田拓郎が作曲して、トランザムが演奏し、中村雅俊が歌ったのだが、私はこの作品以来、フォークソング作家に主題歌を依頼することにした。私の作るドラマとフォークソングの世界が何となく合っているように思えたからである。『俺たちの旅』で、小椋佳、『俺たちの朝』で、小室等と。『忠臣蔵』『白虎隊』でも小椋佳にお世話になった。そして、四つ目が、松田の恋人役に謎の女性を設定したことだ。彼女は（鹿間マリ）トップモデルで、背も飛び切り高く、スタイルがいいので、松田と並ぶとなかなかの絵になった。セリフは一切無し、ただ二人で横浜の景色の良い場所に佇んでいるだけのカットだったが、殺伐とした犯罪もののなかで、ほっとさせてくれるワンシーンだった。私は、この作品を、現実から少し浮き上がったところで捉え、夢を組み込み、遊びを大切にしたいと思っていたので、こんな〝余裕〟を番組の中に取り込んでみたのだ。

そして、この精神は、更に進んで『あぶない刑事』へと発展して行った。

『大都会』

『太陽にほえろ！』のセット撮影が行われていたとき、ボスから、「石原プロもテレビ映画を作ってみたいんだ」という話があった。早速私は会社に帰って、上司に相談し、裏番組が弱くて一番視聴率の取り易い「火曜日9時」の枠をもらうことにした。しかし、当時の石原プロは劇場用映画の制作には慣れていたが、テレビ映画の制作は初めてだったので、制作費の管理と制作時間のテレビ的制約を克服出来るかの不安があった。ボスもその辺のところを心配していた。そこで、先ず、テレビ映画の制作の経験のあるプロデューサーを探すことから始めた。幸い、『太陽にほえろ！』のスタジオとなっていた国際放映という会社に石野憲助という格好のプロデューサーがいた。国際放映の社長にお願いして、円満に、彼を石原プロに移籍することが出来た。

次は脚本家の選定である。なにしろ、テレビでは安い制作費で、なおかつ短期間に撮影を終えなければならないので、かなりの工夫が必要だった。撮影場所の移動は一番時間が掛かるので、これをなるべく少なくすること、セットの分量、夜のシーンの分量なども、撮影のスピードに影響するのでうまく配分する。こんなことを配慮しながら面白い脚本を書いてもらわなければならないのだ。頭が良くて、構成力があり、迫力のあるドラマが書ける人、ここまで考えたとき、もう倉本聡しかいないと思った。ボスも日活時代、倉本を知っていたし、倉本も渡のためなら喜んで書いてくれると言ってくれた。これで、二つ目の問題もクリアした。

倉本の第1話の脚本が上がると、私は本当に驚嘆した。「ドラマの内容は何も心配していないから任せるが、撮影し易い脚本にして欲しい」と頼んでおいたのだが、まさに私が望んでいた通りの脚本だった。ドラマの舞台は、犯人がやって来ると思われるスナックだ

『大都会』（1976-79）出演者		
石原裕次郎	渡哲也	松田優作
仁科明子	高品格	寺尾聰
神田正輝	他	

け、登場人物の数も少ないし、夜の分量も適当に配されている。おまけに、いかにも倉本らしい正義感も迫力を持って描き出されていた。石原プロが、テレビの世界にすんなり入って来られたのは、まさにこの倉本の脚本のお陰だったと思う。

倉本は、この第1話で、もう一つわれわれのために仕掛けをしてくれた。それは神田正輝のための人物（新聞記者）を設定してくれたことだ。ボスはこのシリーズで神田正輝を売り出そうと考えていたので、この設定は喜んでいた。もっとも、この役は、演技の勉強など全くしていなかった神田にはちょっと荷が重すぎたようだ。事件解決後、善良な市民を囮に使って犯人をおびき寄せたということで、渡が扮する黒岩刑事に食ってかかる役だったが、あまり日常的に使わないようなセリフを長々と喋らなければならなかったし、抗議する芝居だからテンションを上げなければならなかった。初めての芝居としてはかわいそうだった。この撮影が始まったのが夜の9時頃で、もうみんなくたびれ果てていて、ちょっと殺気立っていた。そんな中で、何回も何回もNGを出して、当人は逃げ出したいような気持ちだったと思う。しかし、こんな中で、この神田の芝居を受ける渡だけは嫌な顔ひとつせず、淡々と神田につきあってくれていた。まさにこれが役者の鑑だと思った。というより、これが渡の人間性なのかも知れない。この時から、私は〝渡信者〟になった。神田もこのときの渡の心意気を忘れないで欲しいと思う。

この作品で、もう一つ学んだことがある。それは倉本の自分の設定した人物の性格に関する執拗なこだわりである。ある大会社に勤めるサラリーマンに刑事が聞き込みに行くというシーンで、そのサラリーマンが大会社に勤めていることを表すために、会社に入ったところが吹き抜けになっていて、真ん中に大きならせん階段がある一際大きなビルをロケセットとして選んだ。そして、そのらせん階段で聞き込みが行われたときのことだ。周りに遮るものはないし、大勢の人が出入りしているので、ノイズが入ってセリフが良く聞き取れない。仕方なく、俳優さんたちに大きな声を出して喋ってもらった。このラッシュを見た倉本は、「俺の設定した刑事は、聞き込みに行った先で、会社中に聞こえるような大声は出さない。そのサラリーマンの立場に配慮をする優しさを持った刑事なのだ」と撮り直しをしてくれと言って来た。あれでは刑事の〝性格〟が変ってしまうと言うのだ。彼の言うのは確かに正しい。しかし、肝心のセリフが聞こえなくては意味がない、おまけにもう放送日が迫っていて、撮り直しをしている時間がない。そんなことをしていたら放送に穴が空いてしまう。「お前はサラリーマンで、ドラマのプロデューサーではない」と罵倒されながらも、そのときは、何とか誤魔化してしまったが、この事件は応えた。それ以後、どんな小さな撮影でも、その人物の〝性格〟〝状況〟を考え、慎重にロケ現場を選ぶことにしている。

この『大都会』第一シリーズは、内容はかなり高度のものと、自負しているが、レギュラー刑事たちを「暴力団担当の刑事」に設定したので、視聴者との接点が作り難く、ドラマが特殊な世界に入ってしまった。そこで、識者の評価とは裏腹に、ドラマの視聴率は平均20％という大台に達しなかった。ボスからも、「もううちのプロもテレビの作り方を憶えたから、今度は視聴率を取りにいこうよ」と言われてしまった。そのため、第二シリーズでは、がらりと方針を変え、松田優作を投入し、思い切ったアクションものを作ることにした。

当時、松田優作は、2年前に起こした暴力事件で、どこのテレビ局からも声を掛けてもらえない状態だった。なにしろ、松田が暴れたら番組が潰れてしまうのだから、誰も声を掛ける勇気がなかったのだ。しかし、ボスも、その暴力事件のとき、警視庁の偉い人に「松田は役者として才能があり、前途ある青年だから……」と情状酌量をお願いしてくれたほど松田を可愛がっていたし、私も彼の生活のことを思うと、何とかしてやりたいと思っていたので、渡に相談に行った。すると、渡は即座に「分かりました。私が面倒をみます。奴にはもう絶対に暴力は振るわせません」と言ってくれた。渡なら、青山学院の空手のチャンピオンだし、松田も渡には一目も二目も置いて

『大都会 PARTⅡ』（77 年）より石原と渡、そして松田。この 3 人の関係を象徴したスチールだ。
トクこと徳吉刑事（松田）の登場も話題を呼んだ

いたので、これなら大丈夫と松田の出演を決めた。

『大都会ＰＡＲＴⅡ』の制作発表の記者会見で、松田優作が番組に対する感想を尋ねられると、「Ｂ級アクション作品として面白いと思います」と答えた。私は「Ｂ級」という言葉にちょっと引っかかり、思わずボスの顔色を窺ったが、にこやかな顔で松田の発言を受け止めていたので、ほっとした。この「Ｂ級」という言葉をほめ言葉と取ってくれるなら、今後もやり易い。私も「Ｂ級アクション」は大好きだった。中学生時代から「Ｂ級アクション映画」と言われていたアメリカの西部劇や活劇を夢中になって見ていた。元大統領のレーガンやランドルフ・スコットなどが出演していた。わざわざ壊れやすいセットを組んで、それを主人公が悪党をやっつけるときにめちゃくちゃに壊すのだ。私が昔、宝塚映画で制作した『37階の男』という作品で、宝塚映画のプロデューサーが「この作品の見所は〝壊し〟です」と言っていたことを思い出した。PARTⅡはこれで行こうと思った。

中でも、スピード感のある「カーアクション」は毎回のように取り入れた。

私は気が小さくて、「カーアクション」は怪我人が出たらどうしようと気が気でなく、これまで「カーアクション」の撮影の日は一日落ち着かなかったのだが、石原プロには小林専務という「カーアクション」の名人がいたので、安心していられた。小林専務が「この車なら何メーター向こうから、何キロで走って来て、ここでブレーキを踏めば、ここで止まる」と測定すれば、車は必ずそこで止まった。そのため、カメラをギリギリに置いて、迫力ある映像を撮ることができたのだ。日活時代からの長い経験に裏打ちされた技術だと思う。

こうして、『大都会PARTⅡ』は派手なアクションが売り物になり、視聴率も常時20％を超え、最終回では30％に迫った。そして、石原プロのこの「アクション技術」は『西部警察』に受け継がれていくのだった。今思うと『西部警察』をテレビ朝日に譲ってしまったのはもったいなかったかなと思う。しかし、あの時、日本テレビには強引に日本テレビに持って来られない事情があったので、残念ながら致し方なかった。

この番組では、二つの思い出深い出来事がある。一つは柴田恭兵と出会ったことである。監督が『東京キッドブラザース』の芝居を見て、すっかり気に入ってしまい、犯人役でキャスティングしてくれたのだ。当時われわれは、俳優座、文学座などの大手劇団にしか目を向けていなかったので、『東京キッドブラザース』という劇団があることは知っていたが、不勉強にも、公演を見に行ったことがなかった。このときの柴田の芝居は新鮮だった。そして、この時以来、『太陽にほえろ!』にも出てもらったし、『姿三四郎』『俺たちは天使だ!』を経て、『あぶない刑事』で大活躍をしてもらった。もう一つは、松田優作が村川透監督と出会ったことだ。この出会いによって、あとに数々の名作映画が生まれた。

『ジャングル』

この番組は、『太陽にほえろ!』の後番組としてスタートしたのだが、14年も続いた番組の後は作りにくい。少しひねりすぎたかもしれない。

『太陽にほえろ！』の後半は、喜劇色がどんどんエスカレートして、フィクション性が強くなり過ぎてしまった。この反省を込め、この作品ではリアリティを重要視することにした。丁度そんなとき、偶然の機会で、アメリカ製のテレビ映画『ヒル・ストリート・ブルース』という番組を見てとても感銘を受けた。この番組では、「刑事もの」にとかくありがちなヒーローなど設定せず、複数の刑事の日常の描写をとおして、〝愛〟や〝勇気〟〝信頼〟〝命の尊さ〟を説いて感動を与えてくれていた。われわれもこの手で行こうと思った。この時期、一方で『あぶない刑事』を作っていたので、なおのこと、この作品は『ヒル・ストリート・ブルース』的な番組にしようと思ったのだ。

そのため、いくつかの試みをした。レギュラー刑事を12人に増やし、4話でひとつの事件を解決することにし、メインになる事件の他に、同時進行でいくつもの事件が刑事部屋に持ち込まれるようにした。刑事部屋も、レギュラー刑事だけしかいない従来の一係室とは違い、大勢の警官が作業している形をとった。捜査会議も、係長のデスクの前でレギュラー刑事だけで行うのでなく、その事件担当の他の刑事たちとも一緒に行うようにした。刑事が7人しかいないのも不自然だし、事件がわずか一時間で解決してしまうのも無理と思ったからだ。もっとも、このいくつかの試みは、アメリカのテレビ映画を見て、本物らしく見せるために取り入れた手法だったので、本当の日本の警察とは違うかも知れない。しかし、なんとなくリアリティは出たと思う。

　撮影に際しても、メイン監督をお願いした木下亮監督が、われわれの意図を汲み、凝りに凝ってくれた。手持ちカメラを多用したり、望遠レンズによるワンカットの長廻しで、刑事部屋を撮ってくれた。テレビではあまり馴れない撮影手法で、カメラがとんでもなく遠くの方にあるので、演じている俳優たちは、今自分が映されているのかどうかが分からず、てんてこ舞いしていた。

　こんな実験的、冒険的試みをしたのだが、かえってそれが災いし、視聴率は20％に届かなかった。視聴者はやはり保守的で、刑事ドラマの定石を外しては、受け入れてくれなかった。テレビでは三歩前進したら、二歩は下がらなければいけない。しかし、私にとってこの作品は、長年「刑事もの」を作り続けてきて、最後にたどり着いたものだったので、実現できて嬉しかった。特に、この作品の特徴を一番良く表している鹿賀丈史扮する津上邦明の性格は好きだった。彼は自分の命を投げ出してまで、市民を助けようとはしない。自分の命を粗末にする奴に、他人の命を守ることはできない、24時間刑事をやっていた

『ジャングル』（1987）出演者
鹿賀丈史　勝野洋　火野正平
真野響子　桑名正博　他

らくたびれてしまう。勤務中は誠心誠意仕事をするが、署を一歩出たら自分の時間を大切にし、家庭に帰ればこよなく妻を愛する。こんな生き方に私は共感する。私にとっては、『太陽にほえろ！』の刑事は理想ではあるが、現実的にはとても真似ができない。この津上刑事の生き方ならまだ真似ができるかもしれない。いずれにせよ、一つの理想にたどり着いた私は、この番組で、正統派「刑事もの」の制作は止めた。これで「刑事もの」はもうやることがなくなったと思ったからだ。

最後に、津上刑事の妻の役を演じてくれた真野響子が素晴らしく素敵だったことを付け加える。

第四章

青春の旅

『俺たちの旅』

私は、日曜日夜8時の放送枠を十数年間担当して来た。最初は昭和30年代の後半、『幌馬車隊』というアメリカ製テレビ映画だった。昭和40年代は「先生と生徒の交流」を描いた「学園もの」を8シリーズも企画制作した。そして、その8シリーズの流れの中で、このシリーズが生まれた。昭和50年代に入ると、もはや〝先生〟の価値が低下して、もうドラマの主人公とはならない時代になってしまった。その上、われわれのドラマは、高校生活をかなりカリカチュアしていて現実の高校生活とは遊離しているので、嘘っぽいと、まだ高校生活を経験していない中学生以下にしか見てもらえなくなってしまった。視聴者が中学生以下では、どう頑張っても10%を超えることは出来ない。高校生から大学生、若いサラリーマンまで幅広い層に見てもらえないと20%は望めないのだ。そこで、このシリーズから内容を一新し、舞台を高校から大学に移すことにした。大学入試が就職活動に変ったのだ。就職活動は大学入試よりはるかに厳しい。主人公たちは、今まで学校という温室の中にいて、貧乏以外の悩みを経験したことがなかったが、「個人よりも組織の論理が優先する管理社会」に初めて遭遇し、挑戦し跳ね飛ばされてしまうのだ。主人公の年齢を上げることで、こんなドラマを作り出すことができるというメリットも生まれた。

昭和40年代のドラマでは、後半は少し変っては来たが、基本的には〝先生が生徒に人生を教える〟というもので、主人公はヒーローだった。しかし、この作品では、主人公をいわば生徒の側に置いたので、弱い人間、未熟な人間として描くことになり、ヒーローにはなり得なくなった。それでは、彼らの魅力は何なのだろう。われわれは、それを彼らの「優しさ」に求め、この「優しさ」をシリーズのテーマとすることにした。「優しさ」には、二つの側面がある。一つは単純に他人に対する「優しさ」だが、もう一つは、その「優しさ」故に、かえって他人を傷つけてしまう「優しさ」である。その場合、主人公たちは、他人を傷つけてしまったことに悩むという、また別の「優しさ」が生まれる。シリーズの中心人物になる中村雅俊扮する津村浩介は、若者らしく何でも思ったことを思った通りに行動したい青年なのだが、彼が行動を起こすと、必ず誰かを傷つけてしまうので、それができずに悩み、苦しむ。これもこのシリーズで描く「優しさ」の一つだ。昭和50年

『俺たちの旅』（1975-76）出演者	
中村雅俊	津坂まさあき（秋野太作）
田中健	森川正太（森川章玄）
金沢碧	岡田奈々　八千草薫
上村香子	檀ふみ　石橋正次
水沢有美	他

代は、この「優しさ」で勝負しようと思った。中村雅俊はこんな役を演じてもらうのに、最適な俳優だった。

主人公たちの生き方を、端的に表すものとして、第7話の終わりの散文詩（後で説明）に「明日のために今日を生きるのではない。今日を生きてこそ明日がくるのだ」というのがある。いささか教訓的かもしれないが、こんな生き方を実践している三人の若者の共同生活を描いたものが、この作品である。なぜ三人を同じ屋根の下に住まわせたかというと、私は父からよく旧制高校の楽しい寮生活の話を聞いていたからだった。父はいつもこの寮生活の話になると目を輝かして楽しかった思い出を語ってくれた。私はそんな父がうらやましく、寮生活に憧れを持っていた。また、当時の若者たちの意識調査でも、「実際には面倒なことが起こると嫌だから、同居する気はないが、気の合った友達と一緒に住めたら楽しいだろうなと思う」という意見が圧倒的だった。それならば、ドラマの世界で若者たちに擬似体験をさせてやろう。ドラマの世界なら誰も傷つくことがないので、視聴者は喜んでくれるだろう。そう思って、ドラマの中の人物に、寮生活を体験させることにした。ドラマの中の寮生活は、この番組が初めてではない。『飛び出せ！青春』で、すでに寮を設定し、ある程度の成功を収めていた。この作品では、その寮生活の楽しさを三人の共同生活に置き換えて描いて

三人のキャラクターをビジュアルで表現したイメージショット。
写真向かって左よりオメダ（田中）、カースケ（中村）、
グズ六（秋野［当時は津坂まさあき］）

みたのだ。

この作品は、企画段階で会社（日本テレビ）を説得するのに骨が折れた。当時、中村もまだ番組の看板となるほど有名ではなかったし、スターは誰もいなかった。ストーリーはどう展開するのかと言われても、この企画の性質上、始めてみなければ分からない。企画のよりどころとなるものがないのだ。企画を説明する役の私自身も、鎌田敏夫の脚本に全幅の信頼を寄せているとはいえ、新しい試みだったので、少し不安だった。おまけに、鎌田にはもう半年も前に企画書を渡してあるのに、脚本がなかなか出来てこない。上司から「あれどうなった？」と聞かれてもモグモグ言って誤魔化すのが精一杯だった。この間の不安と期待の入り混じった状況は、今になってみれば楽しい思い出だが、その時は冷や汗ものだった。

鎌田の脚本が出来たのは、クランクインの予定日を過ぎてからだったが、その出来栄えにはうなった。クランクインが遅れて、ブツブツ言っていたスタッフたちも、この脚本を読むと急に張り切り出した。私は、この間、随分とハラハラしたし、時にはきつい言葉で催促もしたが、鎌田はその間、一生懸命主人公のキャラクターを考えていたのだ。そして、そのキャラクターが決まると、一晩で書きあげてくれた。それがあのカースケの「何でもやりたいことをやりたいようにやりたい」というキャラクターである。何をやってはいけない、かにをやってはいけないと規制が厳しくなってきたこの世の中で、視聴者はこのキャラクターに喝采を送り、番組をヒットさせてくれたのだと思う。

この鎌田の脚本をさらに魅力的なものにしたのが、斎藤光正監督の演出である。とりわけ、第1話の最後のシーンで、三人が夕日に映える石畳の坂道でボールを投げ合う場面では、三人の気持ちが一つになっていく様が鮮明に描き出されている。このシーンで、この番組はヒットするという感触を摑んだ。小椋佳は主題歌の中で、「夢の坂道は、木の葉模様の石畳」と歌ってくれた。

小椋の主題歌に触れると、B面の「ただお前がいい」のことも書きたくなる。この二曲のどっちをA面にするかで随分悩んだ記憶がある。両A面ということも考えたが、やはり主題歌「俺たちの旅」には広がりがあり、「ただお前がいい」には個人的思いが強いということで、「夢の坂道は……」で始まる曲を主題歌に、「ただお前がいい」を挿入歌にした。番組のクライマックスに「ただお前がいい……」と歌声が流れると、温かさで全身が震える。

だいたい、この作品からの「俺たちシリーズ」は、フォークソング的発想で企画されている。「優しさ」をテーマに選んだのも、「神田川」の「貴方の優しさが恐かった」というフレーズにかなり影響されていた。この作品の主題歌が小椋佳、次が小室等、そしてそのまた次が、再び小椋佳と続く。当時の若者にはフォークソングのフィーリングが非常に合っていたのだ。

このシリーズで話題になったものに、カースケ、オメダ、グズ六、よれよれのワカメなど、主人公たちのあだ名と、最後に出てくる散文詩が挙げられる。前者は、40年代の「学園もの」で使った手口をそのまま持ち込んだものだが、あだ名で呼び合うと何故か親しみが湧く。それにしても、鎌田のあだ名のつけ方はうまい。すぐカーっとなるカースケ、何をやってもダメだと思いこんでしまうオメダ――これは最初「ダメオ」だったのだが、それでは演じる田中健がかわいそうだということで、ひっくり返して「オメダ」とした――、女にはなぜかもてるが、決断力のないグズ六、よれよれのワカメに至ってはまさにその通りの格好だった。ドラマの登場人物を視聴者にどうやって馴染ませるかが、ドラマの成否を握っているだけに、このあだ名作戦はいつも成功している。

次の最後の散文詩だが、これは苦肉の策だった。この手の「青春ドラマ」では一話の終わり方が難しい。はっきり終わってしまっては、次の週に見て貰えなくなるし、そうかと言って、物語を終わらせないと、視聴者にフラストレーションが溜まってしまう。そこで、鎌田が考え出したのがこの案である。物語にはっきりした結末を示さなくても、この詩が出てくると何となく終わったような気がしてしまう。その上、この詩がうまくいったときは、視聴者から大変な反響があった。番組を作るほうの立場に立っても、この詩によって、その回のテーマがより鮮明に分かり、作り易かった。一挙両得だった。

横浜でこの番組のシンポジウムを開いたことがある。遠く北海道や福島からも来てくれて、満員の盛況だった。有り難いことだ。第1話をみてもらった後で、パネラー役の斎藤監督、脚本の鎌田敏夫、主役の中村雅俊と私の四人と、参加された一般の方たちとの間で、質疑応答が行われた。丁度その頃他局ながら再放送が行われていたこともあって、この手のシンポジウムでは珍しいほど盛り上がり、活発な意見、質問が寄せられた。このドラマが放送された年に生まれたという27歳の青年から「とても面白かった」と言われた時には、このドラマに時代を超えた普遍性があると、とても嬉しかった。しかし、一方、もうそんなに年月が経ったのかと思わず絶句してしまった。早いもので、あれから27年が経っているのだ。われわれも年をとったものだ。

このシンポジウムで、もう一つ、われわれにとって思いも掛けなかった質問が飛んで来た。この作品の中には〝女性蔑視の考え方があるのは何故か？〟というものだった。われわれこのドラマの制作者一同は、全員フェミニストを自認している。女性に憧れていることはあっても、軽蔑などしたことはない。これには一瞬戸惑いを感じたが、よく考えてみると、第1話のタイトルが「男はみんな淋しいのです」、第2話が「男はどこか馬鹿なのです」、第3話が「男はいつか歩き出すのです」とみんな男の側からのかなり勝手な言い分をタイトルにしている。ドラマは、常に「男」の側から描かれていて、女性はその対象物としてしか出て来ない。主役は三人とも男である。こんなところに「女性蔑視」を感じられたのかもしれない。しかし、われわれ制作陣は、「女性は神秘的で、何を考えているか分からない不思議な生きものと考えている若い男性たち」を描きたかったのだし、視聴者の女性に——われわれは視聴対象として女子中・高校生を考えていた——「そんな男の子たちの子供っぽい可愛らしさ」に魅力を感じてもらおうと、このドラマを制作していたのだ。私は、若者たちは、男も女も「異性の気持ちが分からない戸惑いや、不安を解消したい」と願っているものと思っていた。それで視聴率もよかったし、『嘘つき男と泣き虫女』などという本がベストセラーになるのだから、女性視聴者も、「男性が何を考え、どういう行動を取るか」をこのドラマから学び取って、喜んでいてくれると考えていた。このシリーズの主人公と同じく、私には女性の考えていることが、どうも分からない。私ばかりでなく、

番組後半で三人が始めたベンチャービジネス「なんとかする会社」は、当時まだ珍しかった便利屋を設定に取り入れたもので、それも番組の話題となった。
写真向かって左よりワカメ（森川正太）、カースケ、グズ六、オメダ。実際にドブさらいをしているのがすごい

どうもわれわれのスタッフ全員が、女性の気持ちや、発想の原点の分からない人間ばかりなので、もしかしたら、この番組は「女性蔑視番組！」だったのかもしれない。

このシリーズの最終回で、終わりの散文詩に「カースケはカースケのままで、グズ六はグズ六のままで、オメダはオメダのままで、男の人生　それでいいのだ」と詠った。この46本のエピソードの中で、完全に彼らの性格を描き切ったために言えた言葉で、このシリーズ主役の三人は、視聴者にとって、現実に

隣りに生きている人間のように感じられたはずだ。三人の性格に関して、われわれ作る側と視聴者の間で認識が完全に一致したのだ。その証拠には、三人の10年後、20年後のドラマを作ったところ、視聴率が20%を超えた。こんなことは、他の番組ではなかなか出来ないことと誇りに思っている。今、出来ることなら、50年後も作りたいと熱望している。それが実現するほど、このシリーズの価値は高いものであると信じるからである。

『俺たちの朝』

『俺たちの旅』の成功で、次の番組もその延長線上のものでいこうということになったとき、私は迷わず舞台を鎌倉に移すことを提案した。鎌倉は私の故郷である。生まれたのも鎌倉、育ったのも鎌倉、社会人になった一年目まで23年間鎌倉に住んでいた。「俺たちの旅」では、吉祥寺が舞台になって、番組の成功に大きく貢献してくれたが、鎌倉なら、吉祥寺に優るとも劣らない魅力を持っている。昔、「青春もの」の大家である。脚本家井手俊郎から、「青春ものには〝水〟が必ず必要なんだよ」と言われたことがある。吉祥寺において、井の頭公園の池はまさにその役目を果たしてくれたが、鎌倉にも海がある。池と海なら海が勝つと思った。鎌倉が舞台では、ちょっと遠くて撮影が大変だとスタッフにはあまり好評ではなかったが、局プロの職権を乱用して強引に舞台を鎌倉に決めてしまった。

脚本家の鎌田敏夫、メイン監督をお願いする山本迪夫監督ともども、鎌倉のロケハンに向かった。私は望みがかなって喜び勇んで鎌倉を案内したのだが、鎌倉を30年近く離れていたので、すっかり様相が変っていて、なかなか撮影のポイントが見つからなかった。「この道を入れば鎌倉の町が一望に見渡せます」といって案内すると、その道は狭すぎて車が入れない。ここの裏道はいかにも鎌倉らしい風情がありますというと、その道にものすごい現代風の建物が建ってしまっている。監督はなかなか「ウン」と言ってくれなかった。案内役としては、恥のかきっぱなしだった。汚名返上と、最後に夕方近くなって、私の取っておきの「極楽寺」に案内し、やっと監督のOKが出た。極楽寺界隈は、私の親友が住んでいたところで、よく遊びに行ったもので、私の庭みたいなところだった。私はここでやっと溜飲を下げた。

主役の勝野洋扮する〝オッス〟たちが住む家は極楽寺の駅からちょっと入ったところに決まった。たまたま監督が選んでくれたその

『俺たちの朝』(1976–77) 出演者

勝野洋　小倉一郎　長谷直美
秋野太作　森川正太　穂積隆信
上村香子　他

家が、私の卒業した鎌倉の高校の体育の先生の家だった。ちょうど新しい家に建て替えようと思っておられたところだったが、お願いして建て替えを一年間延ばしてもらった。そればかりか、そのお家には毎週のように撮影にお邪魔して大変お世話になった。勝野などは本当の子供のようにかわいがってもらっていた。勝野の奥さんのキャシーはその傍に「パッチワーク」のお店を出したくらいだ。

極楽寺にベースキャンプを置くと、もう一つ大きなメリットがあった。それは極楽寺をちょっと出たところに、江ノ電と自動車が併行に走れる道路があることだ。ここでは度々撮影を行った。勝野以下、チューちゃんの小倉一郎、カアコの長谷直美の三人が江ノ電を入れ込んだ画面の中で、走ったり、じゃれ合ったりして、この作品の一ページを飾ってくれた。

江ノ電の話が出たが、この撮影をするに当たって、撮影協力を江ノ電側に申し込みに行くと、鎌倉・藤沢間の交通手段は、バスに追われて旧式の江ノ電は近々廃線になるので、それまでしか協力できないということだった。しかし、このシリーズが始まると、江ノ電のお客が倍増し、経営がすっかり立ち直ってしまった。今では、バスは交通渋滞に巻き込まれ時間通りの運行が出来ず、江ノ電ががぜん有利になってしまって、結構繁盛している。江ノ電の経営者は、あの時潰さなくてよかったと思っている

気の弱い演劇青年、チュー（小倉）を励ますオッス（勝野）とカアコ（長谷）。『俺たちの朝』（76 年）を代表するスチールだ

に違いない。こんな状況だったので、江ノ電側もわれわれの撮影には協力してくれた。そこで、そのお礼も兼ねて、極楽寺の駅に「伝言板」を寄附した。『俺たちの旅』の挿入歌の中に、「伝言板の左の端に、今日もまたひとつ忘れ物をしたと誰にともなく書く」と話相手のいない淋しい青年の心境を歌った歌詞があったが、この歌詞がわれわれに伝言板を贈らせるきっかけとなった。

この番組は、われわれが思いも掛けないほど、鎌倉に観光客を呼び込んだ。後半、小町通りにオッスがジーパン屋の店を出すと、小町通りは身動きが出来ないほど混み合ってしまった。いままで、鎌倉などに来なかった若者たちが大挙して現れたので、鎌倉の人たちは面食らったらしい。私の鎌倉時代の友達からも、「お前のお陰で、静かだった鎌倉が騒がしくなって困る」と再三苦情を言われた。

この作品は、『俺たちの旅』の延長線上の作品ということは前に記したが、『俺たちの旅』が男三人の話だったのに反して、この作品では、三人の中に女性を一人入れた。当時はまだ若い男女が同じ屋根の下に住むなどということは、世間一般では許されないことだったが、第6話「寝巻と便所掃除と男のやきもち」の最後の散文詩の「ひとりの女と、ふたりの男が、幸せに暮らして行ける道はないのだろうか」という思いで、この設定を考え出した。しかし、この女性役の女優さんの人選には神経を使った。あ

番組定番の三人が連れ立って銭湯に行くシーンの一葉。
満開の桜の下で着物姿の長谷直美。素敵なスチールだ

まり女っぽいと、女性視聴者から嫌われてしまうし、女性としての魅力がないと男の視聴者がついて来ない。山本監督共々何人もの候補者を選び検討したが適任者がなかなか見つからなかった。そんな時、夜遅い時間のトーク番組に出ている長谷直美を発見した。長谷はわれわれがイメージしていた女性にぴったりだった。最初の内は、初めてのドラマの大役だったので、監督は大変だったようだが、男主役の中に混じって、自分のポジションをきちんと守ってくれたので、この起用は大成功だったと思っている。彼女はこれをきっかけに『太陽にほえろ！』にもレギュラー出演し、ロッキー刑事の妻役で

双子まで産んでくれた。

勝野のことも書かなければならない。初め『太陽にほえろ！』の勝野は、日本男児の典型で、『俺たちの旅』の中村雅俊のような軽い芝居が出来るかちょっと心配だったが、蓋をあけてみたら、中村とはまた別の味ながら、充分われわれの期待を満足させてくれた。『太陽にほえろ！』を殉職した直後だったし、彼の人気がこの番組を支えてくれた。小倉一郎の何とも言えない味も加わり、三人のコンビはまさに絶妙だったと自負する。最終回の三つ巴の恋愛関係は、三人が三人とも善意で、友達思いで、こんな関係が作り上げられたらいいなと感動する。しかし、この恋物語にも結末を着けなければならない。われわれは非常に悩んだ。三人の内、誰も不幸にはしたくない。そこで苦し紛れに考え出されたのが、この結末だ。要するに、「これからどうしたらいいのか、三人には分からない。でも明日の分かってる人生なんてつまらないじゃないか」という散文詩を出すことだった。

「青春」というものは、その真っ只中にいる時はその価値が分からず、その時期を過ぎ去って初めて「ああ、あの時が青春だったのだ。もっと思い切って楽しんでおけば良かった」と後悔するものらしい。私もその例にもれず、30を過ぎて初めて「青春」の素晴らしさを感じ取り、歯軋りした。しかし、私は幸いであった。普通の人ならば、もう過ぎた日は戻らず、せめてその郷愁に浸ることしか出来なかったのだろうが、私は、たまたまテレビ映画のプロデューサーという職業についたお陰で、自分の作るドラマの中で、自分の分身としての登場人物に「青春」を謳歌させる事が出来たからだ。私は現実に出来なかった〝鎌倉の青春〟を、この作品のなかで、充分堪能する事が出来た。将来のことをあれこれ考えることもなく、自分たちで稼いだ金で、好きなときに走り、好きなときに騒ぐ、しかも親元を離れ、友達と共同生活を営む。私の本当の青春では、こんな生活を送る勇気はなかった。このドラマを作っているとき、彼らと一緒に貧しいが楽しい食事をし、銭湯——この作品の各回のラストシーンは必す銭湯からレギュラー三人が出て来る画面にした——の暖簾をくぐっていたのだ。

これが私の二度目ながら真の「青春」だったと思う。

「淋しくなって、海へ来て、ただ沖を見て座っていた。あれは青春のまがりかどの日」第1話の最後の散文詩である。

『俺たちの祭』

『俺たちの旅』、『俺たちの朝』に続く〝俺たちシリーズ〟の第三弾である。『俺たちの旅』では、まだ自分の生きる目的とか夢が分からず、それを模索している状態の青

『俺たちの祭』（1977–78）出演者
中村雅俊　檀ふみ　三ツ木清隆
岩崎加根子　他

春群像を描いたが、第二作『俺たちの朝』では、それを更に進め、目的とか夢は定めたが挫折してしまう青春群像を描いた。そして、この作品では、実際の競争社会に出て、その中で、人間関係、生き方の問題などで悩む主人公たちを描くことにした。第一作、第二作は主人公たちを一つ屋根の下に住む集団として捉えたが、この作品では役者になりたいという同一の目的を持った集団を舞台にした。われわれは前にも書いたように、三年目の「青春もの」は〝こける〟というジンクスを知っていた。そのため、なるべく新しい設定を盛り込み、内容を濃くしようと考えたのだ。

しかし、この試みは逆に裏目に出てしまった。少し力み過ぎたのかも知れない。これまでは、主人公が学生だったので無責任な行動をとっても、笑いの中で許されていたのだが、社会人になるとそうはいかない。どうしてもシリアスな話になってしまう。第1話など、作品の出来としては、前二作よりはるかに高度にドラマが構築され、われわれが見ると素晴らしいと思うのだが、視聴者にとっては、内容が重すぎたのだと思う。この枠の視聴者は「青春もの」を望んでいたのに、メロドラマを送りつけてしまったようだ。

『俺たちの祭』（77 年）より。中村雅俊、檀ふみ。
どこか暗い雰囲気の漂う作品となった

それと、主人公たちの選んだ目的が「新劇の俳優になること」だったことも間違いだったと思う。視聴者は「新劇の俳優になりたい」という気持ちに共感を持ってくれなかった。われわれは、『俺たちの朝』の後半、チューちゃんこと小倉一郎が役者になりたいと思いながらなれない悲しみを描いていたし、毎年新人俳優をスカウトしていたので、彼らの苦しみや悩みを知っていた。そこにドラマがあることも確信していた。しかし、視聴者はこの悲しみ、苦しみ、悩みを切実なものとして受け取ってくれなかったのだ。どこか違う世界の出来事としか映らなかったのだろうと思う。やはり業界ものは当たらないというジンクスは生きていたのだ。考えてみれば、お金第一主義になってしまったこの世の中で、新劇の俳優になることにどれだけ意味があるのか確かに疑問である。主人公の目的をもっとお金の儲かるアイドルとか、歌手にすれば良かったのかもしれない。主人公の夢と視聴者の夢は一致させておかないと番組はうけないということをこの番組は教えてくれた。

『青春ド真中!』

『俺たちの祭』の失敗に懲りて、今度は思いっきり明るく楽しい番組を作ろうと考えた。舞台もわれわれの得意とする田舎の高校に戻し、「学園もの」とした。ただ、今度は、先生をドラマ上、生徒の位置まで引き下げた。昭和40年代の「学園もの」では、夏木陽介の完全人間の先生から始まり、年を追うごとに先生の年齢が低年齢化し、不完全人間へと移行して来たが、先生としての権威は保っていた。しかし、今回は、およそ一般的な先生のイメージに反する先生を設定した。第2話の題名に「オレは馬鹿だ　でも先生だ!!」とある。おまけにこの先生たちは同じ下宿で生活する。『飛び出せ!青春』、『われら青春!』では生徒たちが寮生活を楽しんでいたが、この作品では先生が下宿生活を楽しむのだ。今までの「学園もの」では、先生は生徒の「青春」をサポートする役だったが、ここでは先生たち自身が先頭に立って「青春」を謳歌するのだ。中村雅俊扮する中原俊介は単純で、女好き、生徒にいたずらを仕掛けては喜んでいるし、秋野太作扮する平久作は今までやり過ぎて失敗ばかりしていたので、事なかれ主義に徹しようとしているし、神田正輝扮する小森昭治は勉強ばかりしていた純粋培養の社会オンチで、悩んでばかりいる。こんな三人の先生と摩訶不思議な「ビックリマーク」とあだ名される英語教師、あべ静江扮する田坂萌子の〝青春物語〟にしたのだ。これは、『われら青春！』と『俺たちの旅』を一緒にしたような企画だった。

『青春ド真中！』（1978）出演者
中村雅俊　秋野太作　神田正輝
あべ静江　井上純一　藤谷美和子
他

ただ、この作品では、「産休補助教師」という新しい設定を加えた。お産のため休んでいる女の先生に代わり、ピンチヒッターを務める臨時雇いの先生だ。従って、その女の先生が学校に復帰すれば、その時点で首になってしまう。この設定は意外と面白く、このシリーズを盛り上げてくれた。更に、40年代の「学園もの」は、ラグビーとかサッカーとかスポーツを通じて先生と生徒の交わりを深めて行くというストーリーだったが、この作品では「いたずら」によって、先生は生徒たちに馴染んでいった。いささか子供じみたところもあったが、画面は弾んだ。

こんな仕掛けのおかげか、『俺たちの祭』で逃げ出した視聴者を呼び戻す事が出来た。このシリーズは野球のナイター裏で始まるという悪い条件だったが、15％台まで回復した。やはり「学園もの」は強い。視聴者対象が女子中・高校生になる番組では、彼らの生活の大部分を占める学校での出来事を綴れば、必ず興味を持ってもらえるのだ。特に、われわれが設定する学校は、「学校を面白いところにしよう」という現実離れした学校なので、ことのほか好んでもらえたようだ。

このシリーズで、中村雅俊は視聴者の選ぶ、理想の先生第一位になったし、神田正輝も一気に人気者になった。神田は『大都会』でデビューして以来、少し伸び悩んでいたが、このシリーズでスターの仲間入りをし、その後『太陽にほえろ！』に出演したことで人気を不動のものとした。当時石原裕次郎は神田のことを非常に気に掛けていて、ことあるごとに「神田を何とかしてよ。俺が選んでこの世界に引っ張り込んでしまったんだから……」と言っていたが、このドラマを見て、ほっとしたようだった。この作品で、神田が人気を博したのは、彼の扮する役の人物が頼りなくて、ダメな人間だったために、女性視聴者の保護本能を刺激したのだと思う。この手で、田中健も石原良純も成功した。しかし、いずれも本人たちは与えられた役に不満だった。やはり、実生活の二枚目はドラマの中でも二枚目でありたいと思うものらしい。面白いものだ。

このシリーズは一応の成功をみたが、私は、もう日曜日夜8時の「青春もの」は終わりにしたいと思った。この10年間、私は鎌田敏夫と組んで、「青春もの」を作り続けて来た。しかし、この作品を作っているとき、何か新しさを感じなくなってしまった。私も、鎌田もこの手の番組のアイディアを全て出し切ってしまったのかも知れない。私も40歳代の半ばに差し掛かり、10代の青年の言動が分からなくなってしまったことも関係している。それまでは、ドラマに出演している高校生役の役者たちと、結構話が通じたのだが、ここまで来ると、映画の話、音楽の話をしても相手と意見が合わなくなる。鎌田にも、「もうこの辺でわれわれの「青春もの」は終わりにしよう。他所の局へ行って、もっと大きくなってよ」と言って別れを告げた。この10年、私が鎌田に頼り過ぎたために、彼は、殆ど私の番組以外の仕事が出来なかった。私の番組では賞は取れないし、批評家の目にさえ留まらない。もう充分脚本家として素晴らしい才能を発揮しているのに、倉本聰や市川森一にすっかり遅れをとってしまった。すまないという気持ちだった。鎌田は、ここからＴＢＳで活躍する。

『青春ド真中！』（78年）から、中村とあべ

本作のレギュラーメンバー。写真向かって左より秋野、中村、あべ、神田

青春ティー・タイムⅡ

『神の民』

昭和50年頃、私は大林宣彦監督と「天正遣欧少年使節」（1582年、大友義鎮〔宗麟〕・大村純忠・有馬晴信の3キリシタン大名がローマ法王のもとに送った少年使節のこと）の企画を立てて、ヨーロッパの共同制作者を探していた。丁度そんな時、イタリアからRAIという国立の放送局の偉い人が日本に来ているという情報を得て、ホテルオークラに出向いた。すると、その偉い人から逆に、アニメーションで「旧約聖書」を作らないかという話をもちかけられた。なぜ、日本で聖書の話を作るのかと問い返すと、「手塚治虫に作らせたいのだ」ということだった。題名は「神の民」にしたいと、ものすごい勢いで口説かれてしまった。この時、私と同行した日本テレビの国際部の部長も、〝外国との共同制作〟という点に興味を抱き、応援してくれることになった。

ここから私の闘いは始まった。キリスト教国でない日本で、典型的なキリスト教国であるイタリアと、聖書の話を共同制作するということは、どんなに大変か思い知らされた。幸い私はキリスト教徒だったので——余り熱心ではないが——、イタリア側のキリスト教に関する提案を、日本側に説明する役を引き受けたが、国全体がキリスト教徒で、子供のときから聖書の話を聞いて育っている人たちの感覚は私にも分からなかった。私も子供の時に洗礼を受けたのだが、キリスト教社会に育った人たちとは、聖書の理解度がまるで違った。私の勉強不足を恥じて、聖書の研究書を読み漁ったが、所詮一夜漬けで、ヨーロッパの人の聖書の解釈にはついていけなかった。その上、この企画では、「旧約聖書」の出来事を「実際にあった歴史上の話」として描くことにしたので、旧約時代の歴史考証もしなくてはならなかった。登場人物の顔形も、「それはユダヤ人の顔ではない」「その人はゲルマン人ではない」と言われ、風俗に関しても「その時代にパレスチナに馬はいなかった」と注文をつけられてしまった。日本で、「旧約聖書」を研究されているシスター今道の熱心なリードのおかげで、随分助かったが、それでも、イタリアとの行き違いは多かった。この作品を見てくれる人の立場に立っても、イタリアの子供たちは、子供のころから、母親に教えられて、聖書の細かい部分まで常識として知っているが、日本の子供たちは、殆ど何の知識もない。知識を持っている人に語るのと、何も知識のない人に語るのとでは自ずと描き方が違って来る。どこにその接点を見つけ出せばいいのか、それが大変な作業だった。外国との共同制作は本当に難しい。

初め、そのイタリアと日本の溝を、手塚の提案で、一匹の狐を登場させることで、何とかしようと思った。確かに、手塚が自ら制作した第3話の「ノアの箱舟」では成功したが、話が進むに連れ、だんだんとその狐がかえって邪魔になって来てしまった。このアイディアがうまく機能していたら、キリスト教を理解していない日本人にも興味を持って見てもらえるようなものが出来たと思うが、残念ながら、手塚が亡くなられてしまったために、生かしきれずに終わった。この狐の影が薄くなって来ると、この作品が誰に向かって発信されているのかが分からなくなってしまった。手塚の発想では、この作品を世界中の子供に見せたいと思っておられたのだが、結果、日本では、子供には少し難しいものになってしまった。このことは、非常に残念だった。しかし、一つ嬉しいことがあった。この作品はもとが英語版で、登場人物がみんな英語を喋っていたので、某ミッションスクールの先生が、英語の教材として使ってくれたことだ。

内容に関する、国による理解度の問題もさることながら、実際の共同制作の現場も大変だった。先ず言葉の問題だ。イタリアのその偉い人はイタリア語しか話せず、私は日本語しか話せない。あいだに通訳が入っての打ち合わせになるが、何ともまだるっこしい。通訳の人は、なかなか出来た人で、聖書も一生懸命勉強してくれたし、イタリア語も堪能だったが、一人で、イタリア語を聞いて日本語に直し、その返事の日本語を聞いてまたイタリア語に直すわけだから、打ち合わせが白熱して来ると、混乱してしまう。つい私にイタリア語で話しかけ、向こうに日本語で説明したりして、大笑いしたこともあった。おまけに、その人がちょっと席を外すと、われわれは何の会話も出来ず、お互いにただニコニコ笑っているだけで間がもたなかった。

次から次へとこのような難問が待ち構えていたので、この作品の完成には8年の年月が掛かった。おまけに、初号が英語版なので、これから日本語版を作るのにまた数年が掛かってしまった。こんなに年月が経ってしまった原因は、イタリアの方では、結構商売になったようだが、日本では苦戦して、なかなか資金が集まらなかったことにもよる。ビデオとしてはそこそこ売れたが、テレビ放送は、とうとう日本テレビで放送してもらえず、ＷＯＷＯＷでやっと一回放送してもらっただけだった。仏教国の日本では、キリスト教の素材はなかなか受け入れられない。内容はかなり面白いものが出来ていたので、とても残念だった。

このシリーズの制作が始まってすぐに、手塚が亡くなられてしまったことは非常に不幸なことであった。この作品にとっても大きな痛手だった。手塚は、このシリーズにとても愛着を持って下さり、死の直前まで、ベッドの中で、この先の構想を練っておられたが、ただ一本を撮られただけで亡くなってしまわれた。これは、私たちにとってとても残念なことだったが、手塚自身にとっても、さぞや心残りだったことと思う。手塚は「このシリーズが終わったら、「新約聖書」もやろうよ」と言っておられた。私は今、この手塚の遺志をつぎ、私のキリスト教徒としての立場からも、日本の子供たちのために、死ぬまでに必ず、「新約聖書」のアニメ版を完成させたいと思っている。

『警視-K』

この作品は、放送ではあまり視聴率が来なかったが、今頃になって高い評価を受けている。私も、この番組に係わり合うことが出来て大変幸せだったと思う。勝新太郎という人は、実に魅力的な人だった。映画が好きで、芝居が好きで、中村玉緒が好きだった人だ。ただ、経営者としては、まことに危なっかしい人だった。勝は、社長として、勝プロの存続を考えなければならない立場だったが、現場に入ると、監督としていくらお金が掛かっても、気に入らなければ撮り直しをしてしまうし、迷いだすと考えるために、撮影を中止してしまう。お金の問題だけでなく、時間の問題も生じ、この作品では13本撮った段階で、放送日に追いつかれてしまった。そこで仕方なく26話のところを13話で終わってしまった。お金の方も、かなりの赤字が出ていて、私の方から、「もう止めた方がいいですよ」と言ったくらいだった。

これも仕事熱心過ぎて手抜きが出来ない勝の性格によるものだと思う。勝は映画の撮影で、手抜きをするということは、映画を冒瀆するものと考えておられたのかも知れない。毎晩撮影が終わって勝プロの事務所に帰ってくると、泊り込みで、その日に撮ったところを再検討し、次の日に撮るところの準備をする。あんなにお酒の好きな勝がクランクインすると一滴も飲まなくなる。驚いたことだ。われわれもよく勝プロの事務所に呼ばれた。そして、今日の撮影分を身振り手振りで説明してくれた。そんな時の勝は本当に楽しそうだった。

ところが、あるとき、勝が現場で、脚本を変えて撮ったところの説明を受けると、脚本で犯人になっている人物にアリバイが出来てしまっている。勝にそれを言うと、「ドラマの流れの中で撮っていくとこうなるんだ。だから脚本が悪いんだ。すぐ別の犯人を捜してくれ」と言われてしまった。仕方がないので、夜中に脚本家を呼び、明け方まで掛かって別の犯人を作り出した。

勝の演出で面白い場面を見た。勝は「作られた芝居は嫌いだ」といつも言っておられたが、すし屋で、関係者5、6人が食事をしながら事件のことをあれこれ推理するシーンで、いきなり俳優たちから台本を取り上げ、「犯人はこの人。それだけは頭において、自由に芝居し

『警視－K』（1980）出演者		
勝新太郎	奥村真粧美	北見治一
金子研三	中村玉緒	他

勝新太郎入魂のテレビシリーズだった『警視-K』(80年)

てくれ」と言って、ぶっつけ本番でカメラを廻し始めた。俳優たちは、台本のセリフを言うのではなく、自分の言葉で考えながら言わなければならない。そのため、ものすごく緊張していた。その緊張感がこのシーンをひどく迫力のあるものにした。

このシリーズを黒木和雄監督が撮ってくれたときのことだ。勝は自分が監督をしているわけでもないのに、出演者に演技をつけてしまう癖がある。このときも、監督が気を悪くするのではないかと思われるほど、監督業に入り込み、カメラの位置まで指定していた。これでは、わざわざ黒木に監督を頼む必要もないではないかと思った。しかし、完成した作品を

自ら16ミリフィルムを編集する勝。
日本テレビ秘蔵の大変貴重なスナップだ

見ると、これがまぎれもなく黒木監督の作品になっていた。勝も自分が何を言っても、あがったものは黒木監督のものになることを知っていたし、黒木監督もその自信があったのだと思う。改めて、勝、黒木の信頼感と、プロの物作りの技に感嘆した。

何はともあれ、この作品に参加出来たことは、多くのものを学ばせてもらったし、勝の映画を愛する気持ちを目の前で見せてもらい、大変有益なものであった。

『いろはの〝い〟』

テレビ映画のプロデューサーとなり、先ず〝先生もの〟を企画し、続いて

〝刑事もの〟を制作したが、テレビで成功する主人公の職業に、もう一つ〝新聞記者もの〟というのがある。その事は過去に『事件記者』という大ヒット番組があったことで証明されている。そこで、私は、この番組を、事件記者を主人公とし作ろうと思った。

先ず、日本テレビの親会社にあたる読売新聞の馴染みの記者に〝記者の心得〟を聞くことにした。すると、この記者は、新米の時、先輩から「記者は書く勇気と書かない勇気の二つの勇気を持つべきである」ということを教わったという。私は〝これだ!〟と思った。この番組のテーマはこの〝二つの勇気〟に決めた。普通、「書く勇気」の方は、よくドラマに使われるが、「書かない勇気」も、ストーリーの展開次第では視聴者の感動を勝ち取ることが出来るだろうと思った。「書く」のが商売の記者があえて「書かない」心意気を示すドラマは、私の最も好きな形のドラマだ。

次に、その記者は、「今はもうあの『事件記者』の時代と違い、特種を取るなどと言うことは無く、警視庁の公式発表を記事にするだけだ」と話してくれた。これにはいささか困ってしまった。取材合戦が無くてはドラマにならない。そこで、私はこのリアリティの無さを〝笑い〟で包んでしまおうと思った。昭和50年代に入ると——この作品は昭和51年のもの——、ドラマの中に、〝笑い〟がないと視聴者から受け入れられなくなっていたことも、私にこの決心をさせてくれた。昭和30年代のＮＨＫの「事件記者」から社会性を薄め、〝笑い〟を加えたような番組にしようと思ったのだ。幸い、キャスティングで、藤岡琢也をはじめ、金子信雄、寺尾聰、森本レオ、柳生博という芸達者を揃えることが出来たので、この思いは更に強まった。実際、出来上がった作品のラッシュを見ると、スタッフ全員がケタケタ大笑いしていた。竹脇無我、黒澤年男、神田正輝も新聞記者同士の騙し合いを面白可笑しく演じてくれた。特に、その警視庁発表に頼りきっている記者たちの現状をカリカチュアして演じてくれた警視庁の広報官柳生博は、私の狙いどおり絶妙な芝居をしてくれた。取材内容も芯のところではかなりシリアスなものを選んだが、表面は余り重く描かず、笑いで包んで描くことにした。私のこんな考えを脚本家陣、監督陣も非常にうまく表現してくれた。特に、寡作家のシナリオライターの播磨幸児が捻りの利いた作品を沢山書いてくれたことが印象に残る。電車の中で、播磨の書いた脚本を読んでいて、思わず笑ってしまい、隣の人から変な目で見られたこともあった。

私としては、この試みはかなり成功したと思ったが、放送を開始

『いろはの“い”』（1976−77）出演者

竹脇無我　金子信雄　黒沢年男
藤岡琢也　寺尾聰　神田正輝
森本レオ　柳生博　他

『いろはの“い”』(76年)の曲者新聞記者たち。
写真向かって左より竹脇無我、森本レオ、藤岡琢也

してみると、この表面の軽さが災いしたのか、視聴率で15%がやっとというところだった。

しかし、私は今でもこの番組は良く出来ていたと自負している。それが証拠に、この番組を土曜日の夜遅い時間で放送すると、ゴールデンで放送した第一次放送より高い数字が出た。上司からは、「どういうことだ!」と叱られたが、私は心の中で喝采を送っていた。

内容は面白かったのに、なぜ視聴率が来なかったのか? と考えると、『いろはの〝い〟』という題名にあったのかも知れない。とにかく、題名をつけるのに大変苦労したことを憶えてい

る。初めは『都会の叫び』という題だったが、これでは固すぎるということになって、新聞記者がデスクに送る原稿を読むときの常用語『いろはの〝い〟』をタイトルとした。少し懲りすぎたのかも知れない。地味だし、視聴者には何のことか意味がよく分からなかったのだと思う。この作品で、遅まきながら「題名のつけかた」の大切さを知った。

『姿三四郎』

黒澤明の『姿三四郎』を見て、いつか取り組んでみたい素材だと思っていた。それが、青山学院の柔道部出身の勝野洋が、この作品をやってみたいというので、沖雅也の檜垣源之助との対決という形で企画した。私事で恐縮だが、実生活で子供に恵まれなかった私は、仕事の上で、四人の息子を得たと喜んでいる。その内、松田優作と沖雅也（この時はまだ元気だったのに……）という二人の親不孝者は、私より先にあの世に逝ってしまったが、あと二人の息子、中村雅俊と勝野洋は現在も第一線で活躍している。頼もしい限りだ。そんな息子、勝野のためにこの番組は企画した。

「青春もの」を作り続けていた私には、この原作はまたとないものだった。三四郎が、自分の人生の目的を捜し求める過程の中で、柔道に出会い、柔道そのものを究めようとするのに対して源之助は、自分が世に出る為にどうしたら良いかを考え、その手段として柔道を始め、やみくもに最強者になろうとする。こんな目的の違う二人の柔道家から愛されて、乙美は、この二人のどちらの生き方を選ぶか悩む。明治初期（12年～15年）、それまで、封建社会のもとで、自由を奪われていた青年たちが、一個の人間としての権利に目覚め、悩み、模索する〝青春ドラマ〟を描いてみたいと思ったのだ。勝野洋をはじめ、沖雅也、竹下景子、柴田恭兵、長谷直美、志穂美悦子などが、若さを充分に発揮して、画面狭しと暴れまくってくれた。

『姿三四郎』（1978）出演者
勝野洋　露口茂　竹下景子
沖雅也　他

その他に、この番組には、二人の青年が俳優としてデビューしていることも記しておきたい。横谷雄二と中康次である。二人とも若さあふれる武芸者として番組を飾ってくれた。そもそも二人は、『太陽にほえろ！』の新人刑事の役を目指して、私のところに来てくれたのだが、とうとうその機会に恵まれることなく、『太陽にほえろ！』の番組の方が終わってしまった。二人とも、非常に面白い個性を持っていただけに、おしいことをした。私も彼らを生かせなかったことを悔いている。

この作品は、日本テレビ開局25周年記念特別番組として放送された。日本テレビとしての期待は大きく、制作費も通常より多くもらったが、その期待を裏切ってしまった。しかし、この作品も、内容はかなり良く出来ていたと自負している。視聴率第一主義の私としては、甚だ不満だが、往々にして「良い番組なのに視聴率が上がらない」ことがある。こんなことがあるから、視聴率は当てにならないと言われてしまうのだが、何か理由があった筈だ。それを謙虚に反省したい。作品を発表するタイミングが早かったか、裏番組が強かったか、宣伝が下手だったか……。いずれにしても、勝野の熱演に報いられなかったことは、非常に残念だった。

『俺はおまわり君』

この作品は私の愛する息子（？）中村雅俊のために、昭和56年に企画したものだ。この頃、私は『太陽にほえろ！』の内容が、いささか嘘っぽくなってきたという批判を受けるようになって来ていた。これだけ長く続けていると、手を替え品を替えていかないと視聴率が取れなくなってきて、いきおい、不必要なアクションを入れたり、無理なストーリーを組み込んでしまう。「実際の日本であんなに拳銃を撃つ刑事はいない」だとか、「日本に刑事は7人しかいないのか」などといった厳しい声である。視聴者の方も、いつの間にか、警察とか、刑事とか、捜査とかいったものに精通してきて、『太陽にほえろ!』の初期にはつけた嘘がつけなくなってしまったのだ。そんな悩みを抱き始めたころ、あるテレビ番組で、上野駅前の交番を何日も映し続けたドキュメンタリーを見た。これがもの凄く新鮮で面白かった。

そこで私は、交番巡査を中心にした番組を作って見たいと考えた。そこには、派手なアクションはないが、人情と笑いがある。少なくとも、『太陽にほえろ!』よりリアリティのあるものが作れるかも知れないと思ったのだ。主役中村雅俊の温かさはこの番組にぴったりだと思った。相手役には、あべ静江と和田アキ子をお願いした。脚本を書いてくれた鎌田敏夫は和田を中村の本命の恋人にしたいといって来たが、私はあべ静江の方を本命としてしまった。この問題は、誤解のないように付け加えるが、あべ静江と和田アキ子のどっちが魅力的か、どっちが素晴らしい俳優かという問題ではない。ドラマの上で、どちらのコンビが視聴者に受けるかという問題だった。この番組の視聴率を見ると、この論争は私の負けだったようだ。丁度この時期あたりから、視聴者の好むカップル像がオーソドックスなカップルから、破格なカップルへと変り始めたのだ。それが見抜けなかった私はプロデューサー失格であり、この

『俺はおまわり君』(1981)出演者
中村雅俊　小柳トム　あべ静江
和田アキ子　他

時代の変化を敏感に感じ取っていた鎌田は、やはり優秀な脚本家である。

この番組がうまくいかなかったのは、このキャスティングのせいばかりではない。私の番組の作り方にもよる。私は本来どうも人情話が苦手だ。人生の機微が分からないのかも知れない。もともと上野交番の話は〝笑い〟を誘ってはいるが、人情話が基盤となっていたのだ。それを、ストレートな人情話にいささかテレた私が、その人情話を無理矢理抑えて、その上から乾いた〝笑い〟をかぶせてしまったことが、この番組の視聴率をのばせなかった原因である。明らかに、私の失敗であった。ドラマの設定にはそれぞれキャラクターがあり、それを無視してはうまくいかない。何事も素直にものを考え、それを徹底しなければ、成功はおぼつかないということを学んだ作品である。

この番組では、一つ面白いキャスティングをした。それはこの年、『お笑いスター誕生!!』で、お巡りさんの一人芝居のギャグで一躍人気者になった小柳トム。現在のバブルガム・ブラザーズのトムを、『お笑いスター誕生!!』に出演したままの姿でダメなお巡りさんとしてキャスティングしたことだ。『お笑いスター誕生!!』ではもの凄く面白い芸を披露してくれていたので期待したが、その芸は、一人芝居の良さで、他の俳優と噛み合わせて笑いを取ろうとすると、少しちぐはぐのところがあった。まだ新人で、オドオドしていたのかも知れない。気の弱い青年といった感じをうけていたのだが、再び彼が歌の世界に登場したときは、全くイメージが違い、とても同一人物とは思えなかった。

ご存知時代劇

若い若いと思っていた私も、45歳を過ぎた。歳というものは正直なもので、この歳になると、体力も知力も無くなって来る。新しいアイディアが浮かんで来ないのだ。情けないものだ。そればかりか、興味を持つものも変って来る。これまで、「時代劇」にはあまり興味がなかったのだが、この頃になると、自宅のテレビでも「時代劇」をよく見るようになった。もともと「西部劇」が好きだった私だから、時代劇の世界にすんなりと入っていけたのかも知れない。なにより「時代劇」だと〝嘘〟がつける。「青春」がはるか遠いものになってしまった私には、その現実が分からず、現代劇を作ろうとすると、どうしても嘘っぽいという欠点がでてしまう。そんなこんなで、なおのこと「時代劇」の方に気がいったのかも知れない。

昭和56年には小林旭の『幻之介世直し帖』を、昭和57年には里見浩太朗の『松平右近事件帳』、58年の『長七郎江戸日記』を担当した。またその間、杉良太郎の『右門捕物帖』も担当し、杉良太郎とも知己を得た。振り返ってみると、私は幸せにも、大勢の映画界の大スターと一緒に仕事をすることが出来た。これも「テレビ映画」という外注作品のプロデューサーを職業としたお陰だと思う。テレビの世界に入っても、スタジオドラマの演出家ではこれほど多くのスターたちの素顔を見ることは出来ない。夏木陽介に始まって、加山雄三、三船敏郎、石原裕次郎、小林旭、勝新太郎、里見浩太朗、杉良太郎、菅原文太と。そして、それぞれから、映画界華やかなりし頃の話を聞かせてもらった。その頃の映画人が、全員大きな夢を持って仕事に当たっていたことが羨ましい。

『忠臣蔵』と『白虎隊』

『長七郎江戸日記』で、里見浩太朗と出会って、一緒に仕事をしているうちに、彼の人柄、美しい所作を見て、彼に大石内蔵助を演じてもらいたいという気持ちが湧いて来た。私は、昔、私のドラマ作りの恩師、千葉泰樹監督から、「いつか『忠臣蔵』をやってみなさい。あれはドラマの教科書だよ」と言われ、その機会を狙っていた。なかなかその機会に恵まれなかったが、里見を知り、居ても立ってもいられなくなった。最初は一年間の連続ドラマとして企画を提出した。しかし、余りにも制作費が掛かり過ぎるという理由で、会社の理解は得られなかった。里見で大石をやるには、ここ二、三年が勝負と思っていたので、かなり焦って、ことあるごとにこの企画を上司に売り込んだ。するとこの企画に乗ってくれる上司が現れた。しかし、放送は12月31日、大晦日で『紅白歌合戦』の裏番組として放送するという。ちょっと尻込みしたが、やらないよりやった方がいいと、半ばやけくそでこの申し出を引き受けた。

実際に制作に掛かって見ると、千葉監督の言われたように『忠臣蔵』はドラマの宝庫だった。後々この手も使える、この手も使えると引き出しを大いに広げた。そして、その浪花節を、里見・大石は、美しく、哀しく表現してくれた。放送も30日と31日の二日に分けて行われたのだが、30日は24・8%、31日は15・3%という数字を出して、大成功に終わった。

私は、この討ち入りに二つの解釈を加えた。一つは、〝死の美学〟であり、もう一つは、〝再就職運動〟であるという考えである。一見相反する動機のように思われるが、彼らにはこの二つの気持ちがあったのではないかと推測した。一つ目の動機は、私が『太陽にほえろ！』の中で〝刑事の殉職〟という形で追い続けていたものだし、二つ目のものは、侍社会をサラリーマン社会に置き替えると、肯ける解釈だと思う。もし幕府が切腹の判決を下さなかったら、彼らにはきっといろいろな大名から声が掛

時代劇のスター、里見浩太朗の勇姿

かっただろう。この二つの試みと共に、番組を成功に導いてくれたものに、小椋佳と堀内孝雄の主題歌がある。ドラマの中に、あの主題歌が流れたために、番組に現代感覚が生まれ、どれだけ視聴者の心を打ったか計り知れない。

『忠臣蔵』に続いて、次の年、『白虎隊』を制作した。この作品でも、〝死の美学〟と小椋佳・堀内孝雄の「主題歌」が成功に導いてくれた。幕末を描くとき、戦では薩長連合軍が勝ったが、ドラマとしては幕府側に舞台を置いた方が成功する確率が高い。その訳は幕府側の兵士は生まれつきの武士であり、負けると知っていても意地で戦う心意気があるからだと思う。この作品でも、まだ幼さの抜けきらない青年が、故郷のために死んで行く姿を哀しくなおかつ誇らしげに描いて、視聴者の心を打つことが出来た。この二作は、私の作った作品の中でも、会心の作として、いまだに私の心の中に生きている。

〈イベント〉「チョモランマ」と「世界陸上」

私はテレビ映画の制作の仕事ばかりやって来たので、イベントとは縁が遠かった。しかし、晩年になって、二つの大きなイベントに参加することが出来た。「チョモランマ」と東京で開催された「世界陸上」である。前者は芸能局長として、後者は営業局長として良い経験をさせてもらえた。

「チョモランマ」とは世界最高峰エベレストのことで、日本テレビ開局35周年企画として、この登山記録を生中継しようというものだった。

数々の冒険を番組として成功させて来た岩下プロデューサーが、5月5日の「こどもの日」に日本全国の子供たちに世界最高峰のチョモランマを征服するという夢を与えたいという壮大な企画を持ち込んできた。そそっかしい私は、それは素晴らしいと会社中を駆けずり回って番組を組むことを了承させた。しかし、番組の準備が進んで行くと、8000メートルを超える山の登山は、そんな簡単なことではなく、何月何日の何時に登頂するなどということは、とても確約出来るものでないことを知った。幸運にもその時間に登頂出来たとしても、曇っていたら何も映らない。これは大変なことになったと思った。この番組には、今までのテレビ番組になかった7億という膨大な制作費が掛かっている。それが「何も映りませんでした」では、会社に対しても、スポンサーに対しても申し訳がたたない。私と直属の担当役員は辞表覚悟で5月5日を待つことになった。

今でこそ、海外の映像が日本に続々と送られて来るが、当時は衛星を使った、しかも5000メートルを超す世界の秘境から鮮明な映像が送られて来ることなどは驚きだった。4月の末からそんな映像が届き、しかもこっちの指令も即座に現地に届くとが分かり、胸をわくわくさせた。しかし、肝心のチョモランマの頂上はいつも雲の中で、殆ど顔をだしてくれない。もし5日に登れなかったり、頂上が映らなかったりした場合を考え、放送の予備日を幾つも押さえた。その間、通常の番組を潰すわけだから営業の方も大変だったと思う。

そして、5月5日夜8時、奇跡中の奇跡が起こり、ベースキャンプからのカメラが頂上を目指す登山隊の姿を鮮明に映し出した。山上に日本テレビの旗がひらめき、それがスタジオのモニターに映しだされたとき、われわれは最高に興奮した。現地のベースキャンプにいた岩下プロデューサーは、カメラマンに指示を出すのも忘れて、呆然として言葉もなく、目からは涙が止めどなく流れていた。カメラマンも次に何を撮っていいかを考える余裕もなく、興奮で立ち往生していた。あわてて、東京のサブコンから、カメラマンに直接指示を出した。こんな混乱状態の中で、今までの心配や、苦労がすっ飛び、スタジオ中が喜びに湧きに湧いた。

ところが、夜中の3時頃になって、自宅に帰った私のもとに、登山隊が帰ってこないという電話が入った。昨夜は「よかった。よかった」で、喜びに湧いたが、もし登山隊が帰って来なければ、われわれの企画は一転して失敗に終わる。それどころか、登山隊の大切な命を失うことになったら、どうつぐなったらいいのか、頭の中が真っ白になった。

山男の執念はたいしたものだ。それから数時間、ほとんど夢遊病者のような状態で帰ってきたという。このニュースを聞いたときは本当にほっとした。このような冒険を伴う番組では、参加者が全員無事に帰ってきて初めて「成功」と言えるのだということを心の底から反省した。

もう一つの「世界陸上」も、テレビ史上かつてない多額の制作費が掛かった。それまで、制作という一方的にお金を使う部署にいた私が、初めてお金を集める方の営業という立場に立って苦労した大仕事が「世界陸上」だった。2週間のタイムテーブルを殆ど埋めての展開とは言え、七十数億を集めるのは並大抵のことではなかった。幸い、電通が買い切ってくれたので、少しは責任が軽くなったが、それでも、局員を総動員して、てんてこ舞いした。

そして、開会式の日、私はもう中京テレビに移っていたが、心配で競技場に駆けつけてみると、大雨で観客不入り、先行きどうなることかと心配させられた。しかし、世界のトップランナーが一堂に会するこのイベントには底力があり、カール・ルイスなどの世界記録が続出し、最初の日曜日、女子マラソンで山下佐知子が2位に入賞すると、イベントは一気に盛り上がり、大金を提供してくれたスポンサーたちも大喜びしてくれた。

盛り上がったのは、「世界陸上」だけではなく、日本テレビ自体も一つにまとまった。これだけの大きなイベントを行うと、自然と社内がまとまる。この頃まで、日本テレビはフジテレビの後塵を拝していたが、このイベントあたりから、元気を取り戻して来た。私も、このイベントが開催されたときは中京テレビに移っていたので、その成功の美酒を飲むことは出来なかったが、貴重な経験をさせてもらった。

中京テレビでも、私は、この経験を生かし、『千人の交響曲』という会社挙げての大型番組を作った。そして、このときから、社員一同気持ちが一つになり、今では名古屋地区の視聴率ナンバーワンの局になっている。

「世界陸上」に関しては、金集めだけの参加だったが、とにかく、この二つのイベントを体験させてもらったことは、非常に嬉しいことだった。映画部長時代、『スター・ウォーズ』を買うために、大金を使わせてもらったことも合わせて、私は日本テレビで、会社の金を使った社員のベストテンに入るだろう。

Vチップ

昭和が終わり平成に入り、名古屋の中京テレビに移ると、私の仕事内容も変化し、それまでは、それ行けドンドンで番組を作っていたものが、他人の作った番組にやたらケチをつけ、赤字番組を終了させる立場になってしまった。面白い仕事ではなかった。

この頃、私は名古屋を代表して日本民間放送連盟の「放送倫理小委員長」という役職に任命された。そして、「放送と人権等権利に関する委員会」や「放送と青少年に関する委員会」などというテレビ番組を規制する組織を作ってしまった。

私が「放送倫理小委員長」に任命された時期は、テレビ番組に対する批判が盛り上がった時代であった。PTAや国会議員の方たちから、テレビを規制しなければいけないという声が彼方此方から声高に叫ばれた。確かに、この時代、テレビ番組の中にはずいぶんとひどいものもあった。男性が裸で画面狭しと駆けずり回ったり、無実の人を――警察発表を鵜呑みにして――限りなく犯人に近い容疑者として報道してしまったりと、テレビ界も少々狂ってきていた。しかし、それだからといって、公権力の規制を認めることは、「表現の自由」の立場からいって、絶対にできない。公権力の規制の入る前に、放送局側で自主規制をしてしまおうということで、この二つの機関を作ったのだ。

そんななか、更に悪いことに、アメリカでも、テレビが青少年に悪影響を及ぼすということで、「Vチップ」という2センチくらいのチップをテレビ受像機の中に組み込んで、子供たちから「悪いテレビ」をシャットアウトしようという試みが始まった。このシステムが日本でも行われたら大変なことになる。アメリカではその運用方法で、かなり抜け道を作ってスポンサーをつなぎとめていたが、律儀にものを考える日本ではそううまくいくまい。スポンサーがつかなくなる。だいたい、この「Vチップ」という代物は、親が子供に見せたくないと思った番組をブラウン管から抹殺してしまおうというものだ。親が本当に番組を吟味してこの装置を利用してくれればいいのだが、番組を見もしないで、偏見でカットされたのでは堪らない。『太陽にほえろ!』は暴力的だから、子供によくないとカットされてしまうこともあり得る。『太陽にほえろ!』を見て、他人に対する思いやりがいかに大切かを学んだと言ってくれる人が大勢いるというのに……。

確かにこんな規制が行われた後の現在のテレビ番組を見ると、あの頃より倫理、教育面からみてかなり良くなって来ていると思う。しかし、それは、この自主規制機関

チョモランマにそびえ立つ
日本テレビの
パラボラアンテナの勇姿！

山頂に日本テレビの
旗が舞った

撮影基地から見えるチョモランマ

史上初の山頂からの中継へ向け、
入念な準備を行うスタッフ

の設立によるものなのか。私はむしろ、そのような悪質番組を減らしてきたのは、賢明な視聴者が視聴率という尺度で反対票を投じて来たからだと思う。悪質番組は、一時的に視聴率をとれても、長い期間で見ると、必ず視聴率が落ちて消えていく。と、私は信じている。もっと視聴者の良識を信ずるべきだ。視聴率がテレビ番組を悪くしているとよく言われるが、視聴率が悪質番組を駆逐する一助になることもあるのだ。

もし本当に、このような子供に悪影響を及ぼすような番組を無くそうと思うのなら、悲しいことではあるが、現場で番組を作っているプロデューサーやディレクターの情操教育をしなければならない。しかし、難しいことではない。「自分の家族に見せたくない番組は作るな」ということを徹底させればいいのだ。自分の家族には見せないが、他人の家族には見てもらいたいというのは卑怯である。またもし、「俺の作っているものは、家の子供に見せてもいい」と開き直るテレビマンがいるとするならば、それはそのテレビマンの生活感覚がずれているのだ。おそらくその人のそれまでの生き方に問題があるのだろう。子供の時の躾の問題なのかも知れない。そうなると、テレビ局の入社試験に幼稚園の入園試験のように、親を呼んで面接をしなければならなくなる。

なにはともあれ、「Vチップ」などという全く無駄な装置を義務づけられなくてなによりだった。

第五章
青春はあぶない

『俺たちは天使だ！』

この作品の企画立案に際しては、ちょっとしたトラブルがあった。私は最初三好徹の書かれた『六月は真紅の薔薇』という沖田総司の伝記小説をテレビ化しようと企画していた。著作権料も支払い、11月13日付けで企画書も書いた。しかし、この企画書を読んだ上司から、この企画の放送時間が日曜日の8時だったので、「NHKの大河ドラマの裏番組では、時代劇はだめだ」と言われてしまった。「これは「青春ドラマ」で、大河ドラマとは違うから充分戦えます」と直訴したが、「若者は時代劇を見ないし、年寄りは青春ものを見ない。「青春時代劇」などというものは誰も見てくれないぞ。とにかく現代劇にしろ」と許してくれなかった。

私は、「青春もの」の専門プロデューサーを自認し、もっぱら現代劇を制作して来たが、この時期、『姿三四郎』や、この『沖田総司』の企画を提出した。50年代に入り、私には、現実の生活の中にドラマを見つけ出すことが出来なくなっていたからだ。テレビドラマを企画するとき、いつも視聴者の嗜好を探り、大多数の視聴者が望んでいるテーマを確認するのだが、この頃になると視聴者の嗜好が細かく分かれ、まとまったものとして形作ってくれない。また、この頃は、世の中が安定して来て、ドラマ

『俺たちは天使だ！』（79年）より、本当は新撰組になるはずだった麻生探偵事務所のメンバー。
写真向かって左よりダーツ（柴田）、キャップ（沖）、ナビ（渡辺）、ジュン（神田）

ティクな出来事が無くなってしまった。もともと私のドラマは、物語性が強く、大正ロマンティシズムと呼ばれる情感を入れたものが多かっただけに、特に、どうしても作りたいと思うような企画が浮かんでこなかったのだ。そのため、ドラマティクな事件の豊富な時代劇に逃げ込んだという訳である。

　こんな思いで考え出した『沖田総司』の企画が拒絶されてしまうと、もうお手上げで、如何したらいいか分からなくなってしまった。しかし、監督、脚本家、出演者全員のスケジュールを押さえていたので、いまさら「止めます」などと簡単には言えない。そんなことをしたら、この番組の準備に入っているスタッフ、キャストがみんな半年間無収入になってしまう。そこで、私は、窮余の策で、もうテーマだとか、リアリティだとかいうものは考えずに、ただ、「遊び心」と「今までの経験」だけで、2週間の間に出演者全員を収容できる現代劇の企画を考え出した。なにしろ放送日まで4カ月しかなかったのだから緊急を要した。

こんな緊急事態の企画では急いでごまかす他なかった。そして、私が作るとしたら「事件もの」が一番手っ取り早かった。しかし、主人公たちを刑事にしたのでは、〝笑い〟は取れない。もっと無責任な立場で、多少の法律違反くらいしてくれないと面白くない。そこで、主人公たちを、探偵にした。沖田総司役だった沖雅也にはその探偵事務

『俺たちは天使だ！』（1979）出演者
沖雅也　多岐川裕美　渡辺篤史
柴田恭兵　神田正輝　他

所のオーナーを、近藤勇役の江守徹には沖の探偵事務所を監督する刑事を、桂小五郎役の勝野洋には江守の部下、新撰組の屯所の家主役の下川辰平には探偵事務所のマンションの管理人を、永倉新八の神田正輝と斎藤一の柴田恭兵はアルバイトの探偵を演じることになった。脚本家、監督も、同じメンバーにお願いした。時代劇とはいえ、もともと現代劇感覚で『沖田総司』を作るつもりだったので、何とか全員にこの強引

な企画変更を了承してもらった。こんなに短期間で、時代劇の企画を現代劇に変えられたのは奇跡に近い。貧乏くじを引いたのは、しきりと沖田総司をやりたがっていた主役の沖雅也だけで、あとはみんな企画変更にそう抵抗はなかったものと思う。

さて、肝心の企画だが、主人公たちを「探偵」にするとして、どんな「探偵」に設定するかと考えたとき、昔、日本テレビで放送した『バークにまかせろ！』というアメリカ製のテレビ映画を思い出した。あの作品は大金持ちの探偵の話だったが、あの頃は、高度成長期の真っ只中にあって金持ちが憧れの的だったために「金持ちの探偵」がうけた。しかし、この昭和53年という時代では、あの凄まじい成長も止まり、人々は大きな夢より、ほどほどの生活の安定を願うようになっていた。そこで表面はあの『バークにまかせろ！』のような華やかさを持ちながら、実際のところはお金に困っている探偵を設定することにした。「貧乏なバークにまかせろ！」を企画しようと考えたのだ。沖雅也の華やかさを生かすために、主人公は豪華なマンションに事務所を構え、高額のスーツを着こなしているが、事務所裏ではその日の食事にも困り、さんまを七輪で焼いて細々と食べている。こんな探偵事務所を設定したのだ。登場する探偵も、本物は沖だけで、あとはみんなアルバイト。とてもこの探偵事務所では社員を雇うお金がない。現在なら探偵も市民権を得て、結構稼ぎになるらしいが、当時は探偵の現実などこんなものであったと思う。この貧乏所帯の面白さを〝笑い〟に包んで演じてくれたのが、渡辺篤史、神田正輝、柴田恭兵であった。探偵は民間人なので、ピストルが使えない。では武器は何にするかという問題が出て来たが、私はちょうどその年、オーストラリアに旅行して、ブーメランをおみやげに買ってきていたので、それを使うことにした。ブーメランは投げるとまた自分のところに戻ってくるので、この武器は映像的にかなり面白く使えた。

こんな調子で考え出した企画なので、全てをちぐはぐにし、思い切った喜劇に仕立て上げようと思った。事件だけは、強盗、詐欺、殺人とリアルなものを選んだが、それを解決する探偵たちの動きは、滅茶苦茶やってやれと、偶然などを再三使い、思い切ってマンガチックなものにした。サブタイトルも、第1話を「運が悪けりゃ死ぬだけさ」、第2話を「運が良ければ五千万」とし、それ以後最後まで「運が悪けりゃ……」と「運が良ければ……」という言葉を交互に使って、遊び心を前面に打ち出した。芳野藤丸率いる「SHŌGUN」が歌う主題歌「男達のメロディー」にも、作詞家の喜多條忠に無理に頼んで、「運が悪けりゃ死ぬだけさ」というフレーズを入れてもらった。

こんな急場しのぎの企画だったが、15%を超えた。テーマを決め、作り手の意思をはっきりと織り込むことが、ドラマの基本と考えていた私だが、遊び心だけで企画しても、視聴者を充分満足させることが出来ることを学んだ。要は、作り手が面白がって作っていれば、視聴者もその面白さを楽しんでくれるものなのであろう。

『あぶない刑事』

昭和61年、この頃になると、私も自分のメッセージを本音で織り込んだドラマを作るエネルギーが失われて来る。しかし、世の中良くしたもので、逆にいろいろと経験を積んでいるので、沢山の引き出しが出来て、その蓄えた知識で、視聴率を稼ぐことが出来るようになる。『俺たちは天使だ！』の成功も手伝って、いささか傲慢な考え方かも知れないが、とにかく、このシリーズはこの考え方で作った。

私の企画・制作した「刑事もの」の中には、『太陽にほえろ！』のようにレギュラー刑事が多数いるものと、『東京バイパス指令』、『俺たちの勲章』のように、二人の刑事を中心にしたものがある。『太陽にほえろ！』の中でも、昭和52年から、宮内淳、木之元亮の二人のコンビで見せるドラマを制作している。この二人の刑事を主人公にしたドラマのノウハウを継承して企画・制作したのが、このシリーズである。

二人の刑事ものでは、その二人の性格が正反対であること、それでいて気が合って

『あぶない刑事』（1986-87）出演者		
舘ひろし	柴田恭兵	浅野温子
仲村トオル	木の実ナナ	中条静夫
他		

いること、二人とも向こう見ずな冒険好きであることなどが基本的に必要であるが、この企画では、それに洒落っ気、バタ臭さ、遊び心を付け加えた。もともとこの手の企画では、リアリティは余り追求しない。むしろ総てがオーバーで、およそ現実離れした状況を作り出し、ゲーム的面白さを盛る方が成功する。舘ひろし演じる鷹山敏樹はDCブランドのダークスーツを着こなし、キザなセリフで女性を口説き、カッコよさの中のカッコよさで見せるタイプ、柴田恭兵扮する大下勇次の方は、リズミカルな感性で、軽快なステップを踏むが、どこかカッコ悪さを持ち、そのカッコ悪さをカッコよく見せるタイプとして設定した。すぐカッとときて、とことん犯人を追い詰める鷹山と、初動は早いがすぐ飽きてしまう大下という設定も二人のキャラクターを際立たせる事に成功した。要するに、刑事らしくない刑事であることは共通するが、その他の点では全く性格の違う二人の刑事を主人公としたのだ。視聴者はこんな二人を「タカとユージ」と呼んで親しんでくれた。

このシリーズが大成功した原因の一つとして、『あぶない刑事』という名タイトルを思いついたことが挙げられる。私は、番組を始める前に、何人かの脚本家を集めて、

タカとユージのあぶない刑事

企画打ち合わせをすることを常としていたが、このタイトルはその席上で、脚本家の一色伸幸が出してくれたものだ。「今、若い子の間で、〝あぶない〟という言葉が流行ってるよ」という一色のひと言でこのタイトルは決まった。当時の若者たちは、この〝あぶない〟という言葉に、本来の〝危ない〟という意味ではなく、「ちょっと常識を逸脱しているが、そこが魅力」といった意味を込めて使っていた。このシリーズでは、物事を法律で判断しなければならないのに、自分の感情で判断してしまう二人の刑事の物語という意味合いで、このタイトルを採用した。

女性にとって、この二人は魅力的すぎて、ちょっと〝危ない〟という意味にもとれた。視聴者は、われわれが言い出したわけでもないのに、いつしかこの題名を〝あぶデカ〟と呼んで親しんでくれた。

二つ目の成功の原因は、第1話の丸山昇一の書いてくれた脚本にある。この脚本は二人の刑事の性格分けも見事に出来ていたし、遊び心を充分に盛った番組のカラーも、私の狙っていた通りのものだった。長谷部安春監督も企画段階では少し不安だったようだが、この脚本を読んで、全てを理解してもらった。長谷部監督も、このシリーズをヒットさせてくれた大きな功労者だ。この手の喜劇は演出が難しい。やり過ぎると白けるし、ツボを外すと少しも面白くなくなる。長谷部監督はこの絶妙な感覚を上手く捉え、出演者をリードし、ありそうでなさそうでありそうな話を作り上げてくれた。この第1話の成功が、『あぶない刑事』から、『もっとあぶない刑事』、劇場用映画に移って『またまたあぶない刑事』『もっともあぶない刑事』などとかなり長い間、観客から愛される作品に育ててあげてくれた。

劇場映画の話が出たので、ちょっと雑感を記すが、この頃、私は「映画部長」という役割で、日本テレビが出資する映画の購入業務を担当していた。しかし、いずれも赤字で、時の上司からもの凄い勢いで怒鳴られてしまった。テレビの商売では、極端に大きく儲かることはないが、大きく損をすることもない。映画産業のようなバクチ性はないのだ。一本何千万も損をする投資など考えられないことなのだ。ところが、この『あぶない刑事』の映画化で、その赤字を一気に取り戻してしまったのだから上司もさぞ驚いたことだろう。ここが映画産業の面白いところなのだ。

話を戻して、三番目の成功の要因は、言うまでもなく、サングラスを掛けたおしゃれな刑事、舘ひろしと柴田恭兵の活躍である。松田優作から、「舘という青年は役者としても面白いし、人間的にも礼儀正しくていい奴だよ」という話を聞いていたので、この企画を考えるにあたって先ず彼をキャスティングした。そして、彼のキャラクターと正反対——柴田が礼儀正しくないという意味ではない——の持ち味を持った柴田恭兵を選んだ。同年輩の二人を同一番組でキャスティングすることは、かなり危険が伴う。特に、長い期間拘束しなければならない場合、企画者としては神経を使う。あくまでも二人を同等な主役と考え、シリーズを通した。一人が活躍すると、もう一人にも必ず見せ場を作った。これが二人主役の番組の極意だ。番組の撮影が始まる前に、舘に「君の方が年上なのだから、もし二人の間で何かあったら、理由の如何を問わず君の責任だからね」と乱暴な注文をつけた。舘はこの理不尽な私の注文を守り、ゴルフに柴田を引っ張り込んで、最後まで何の揉め事も無く楽しい現場を作ってくれた。柴田が協力してくれたことも言うまでも無い。それにしても、あの頃のゴルフは楽しかった。舘も柴田もまだ初心者で、ボールが飛ぶことは飛ぶがOB連発、スコアで勝つことが出来た。しかし、最近は二人ともすっかり腕を上げてしまい、いくらハンディを貰っても勝てなくなってしまった。「ひろしに挑戦」というプロデューサー三人のベストボールで、舘と闘うゲームを行うのだが、十数回やって、まだ一回しか勝ってない。中村雅俊、神田正輝とも、最初の内は嫌がる彼らをゴルフ場に連れ出していたのだが、今やみんな私をはるかに追い越して行ってしまっている。いささか面白くない。

この作品の出演者たちのチームワークはすこぶる良かった。というより、それぞれが、それぞれの持分を充分に理解し、その範囲内で工夫を凝らし活躍してくれた。舘は両手離してオートバイにのり、ライフルを撃つオートバイアクション、柴田は柔らかい体を使って身軽に飛び回るアクション、捜査よりデートを優先する新人類刑事町田透役の仲村トオルのとぼけた味。どこまで本気でやっているのか分からない真山薫役の浅野温子のハチャメチャ振り、残念ながら亡くなられてしまった近藤卓造役の中条静夫のタヌキ振り。それぞれ好演——少しオーバーだったが——してくれた。みんな憎めない愛すべき人間像を創り出してくれた。だからこそ、この作品は視聴者からも愛されたのだと思う。

そして、私は、この作品で、五番目の息子を得た。舘ひろしである。

〈再び、『太陽にほえろ！』〉

平成元年、松田優作と「WAVE2000」というイベントで知り合ったフローレンス・ジョイナーの共演する『華麗なる追跡』を企画して以来、現場を離れていたが、ドラマ制作の楽しさを知ってしまった私は、何とかまたドラマを作りたくて、ムズムズして来た。中京テレビの役員として会社経営に全力を挙げなければならないのだが、会社が軌道に乗るともう居ても立ってもいられなくなった。私は、何回も系列の親局である日本テレビに掛け合って、「単発でいいからやらせてくれ」と迫った。そして、やっとのことで、『金曜ロードショー』の枠で一本やらせてもらえることになった。私が関係する以上、『太陽にほえろ!』のパート2が一番視聴率が取り易いのではないかという合意も得た。丁度この年、『太陽にほえろ!』が放送開始後、25年目、終了して10年目という節目の年に当たっていたので、再開するには絶好の時期と思った。

しかし、題名に『太陽にほえろ!』とつけるのは嫌だった。私の思い込みかもしれないが、『太陽にほえろ!』という題名の主役は石原裕次郎ただ一人だと思っていたからだ。そこで、知恵を絞って『七曲署捜査一係』という題名にした。「七曲署」とは、『太陽にほえろ!』のメインの舞台となる警察署の名前で、もう視聴者には馴染みある警察署だ。主題歌、BGMも昔の曲を再編曲して使用した。「七曲署」という名前を忘れてしまった人でも、あのメロディーが流れてくれば、この番組が『太陽にほえろ!』パート2であることを分かってもらえると思ったからだ。

この話が決まると、それでは石原裕次郎の代わりのボスを誰にするかという問題が起きた。私は迷いなく私の五番目の息子、舘ひろしを推挙した。名古屋育ちの舘は、私が名古屋に行くことになると、度々私の所まで慰問に来てくれて、彼の名古屋の友達を何人も紹介してくれた。私が、誰も友人がいなくて淋しがっていると思ったらしい。この優しさはわれわれの新しいボスの性格に通じる。おまけに、舘は石原プロの一員としてボス(日頃の習慣から石原裕次郎をこう呼ぶ)に可愛がられていた。年齢的にも『あぶない刑事』の若いアクションスターから、〝受けの芝居〟が出来る大人の役者に脱皮する時期だと思った。この時期の「ボス」役は彼の役者人生の中でも、タイミングが丁度良いと考えたのだ。係長の役にはまだ若すぎるという声もあったが、ボスがこの役を演じた最初の年は37歳だった。舘はもう充分にその年を越えている。「俺はまだボスの役は早いよ。画面の中で暴れていたいよ」とも言っていたが、「ボスが初めてこの役を引き受けてくれた時も、同じようなことを言っていたよ」と言って、その時の話をし、説得した。ボスは、『太陽にほえろ!』を引き受ける前は、殆ど全シーンで活躍していたので、『太陽にほえろ!』の第1話の脚本を読んだ時、「俺が出ていないシーンがこんなにあって大丈夫か」と心配した。しかし、第1話の完成試写を見て、頭のいいボスは、すぐにこの新しい形の主役のあり方を理解してくれた。いささか寂しさがあったかも知れないが、「これは出番が少なくて、楽でいいや」などという冗談を言って納得してくれたのだ。

『太陽にほえろ！』の元のレギュラーたちを出演させるかどうかも問題だった。初期のレギュラーたちはみんな殉職しているので出演してもらえないが、番組終了時のレギュラーは物語上、生きている。出演を依頼すれば喜んで出てくれるとは思ったが、誰かに出演を依頼し、誰かに依頼しなかったとなると不公平になるので、初代からの長老、長さん役の下川辰平に代表して出演してもらうことにした。そして、番組の甥頭、事件で刑事たちが出払った一係室で、長さんがボスの机に向かって語り掛ける芝居を作った。

いよいよクランクインの日が来た。われわれ企画・制作スタッフは先ずボスの墓参りから始めた。墓の中から、「頑張れよ！　それに舘をよろしく」というボスの元気な声が聞こえたような気がした。『太陽にほえろ！』が終了して、10年が経ち、その間に多くの戦友を失ってしまった。中でも、14年間全作品に力を貸してくれた小川英がこの世を去ってしまったのは何とも淋しい。もともと、『太陽にほえろ！』は、小川英と東宝の梅浦洋一と私の三人で作ったものだ。それが二人になってしまった。小川先輩にも、草葉の陰から応援してくれるよう願わずにいられなかった。

ボスの役が舘に決まると、次は新人刑事の番だ。この役には松田優作、宮内淳、渡辺徹の文学座の後輩、浜田学を選んだ。このシリーズでは文学座出身の新人がいつも活躍してくれるからだ。浜田は、前のシリーズでしばしば出演してくれた浜田晃のご子息だった。こんなに立派に成長した姿を見ると感慨無量だった。その他のキャストでは、前のシリーズの第一回目のキャスティングを参考にした。露口茂の役を石橋蓮司に、竜雷太の役を小西博之、小野寺昭の役を中村繁之、高橋恵子（当時は関根恵子）の役を多岐川裕美とした。『太陽にほえろ！』の初代のキャスティングは、年齢的にも、キャラクター的にも、最高にバランスのとれたものと自信を持っていたからだ。ストーリーにも、パソコン通信、ハッカー、政治家の汚職など、最近の流行りの事象をいれて、新しい形の「刑事もの」を模索した。

そして、平成9年、石原裕次郎の命日の翌日、7月18日に第1回の『七曲署捜査一係』は放送された。

放送時、視聴者の反応が知りたくて、日本テレビに待機していたのだが、オープニング・タイトルで主題歌が流れ出すと、視聴者から、「感動した」という電話が数本入った。私も、モニターテレビから、例のテーマ曲が流れて来たとき、懐かしさに涙が出そうになった。これで、この企画は必ず成功すると確信した。案の定、20・0%という高い数字を獲得した。

この数字に気を良くして、第2作を作った。1作目は懐かしさで視聴率が出た部分もあったので、更に番組を強化するために、沖雅也投入の時の経験を生かして、吉田栄作を加えた。吉田栄作は、女性を人質に取った犯人を射殺したことが心に傷として残り、銃を撃てなくなってしまった元「警視庁特殊突撃部隊」（SAT）の役を好演してくれた。また、1作目に女っけが無いと批判を浴びたので、最初の脚本では男だった犯人を女にし、天海祐希を起用した。この作品も22・6%という高視聴率をマークした。天海は、現場に来ると、「てっきり女性刑事の役だと思ったのに……」と残念がっていたが、母親と二人、『太陽にほえろ！』のファンだったらしく、喜んで出演してくれた。

続いて第3作、今度は押尾学を新人刑事に抜擢したが、彼には、松田優作のジーパン刑事が留置所から登場したことに倣って、交番に捕まって油を絞られるシーンからスタートした。ストーリーは、かつて舘ひろし扮する山岡英介が逮捕した男が、仮釈放で出て来ると、昔の仲間に嵌められて強盗殺人の容疑者にされてしまうが、その男を信じた山岡がその男の無罪を証明し、真犯人を捕まえるというものにした。昔の

『太陽にほえろ！』で露口茂扮する山さんの話でこれと同じような話を作り、成功したことがある。舘の役柄を「山さん」に合わせて行こうと考えたのだ。その容疑者の恋人には藤谷美和子をキャスティングした。藤谷とは昔、「学園もの」で女子学生の役で付き合ったのだが、いつの間にか魅力的な女性に成長していた。こんな趣向を凝らし、更なる飛躍を目指したが、やはり三度目のジンクスで、この回は16・5％と下がってしまった。この回は、面白半分で、20％を超えたら制作費にプラスアルファーをくれるが、超えなかったら、中京テレビは足が出ても我慢するというおかしな契約を日本テレビと結んだ。第1話、第2話が成功したために少し天狗になっていたのかも知れない。結果、残念ながら、この回は16％台で止まってしまい、恥をかいた。

第3話が思ったほど視聴率が上がらなかったので、少し趣きを変えて、第4話は「七曲署」から離れてみた。これまでの三本は、ボスのポジションに舘ひろしを嵌めた形で作って来たが、いつまでもボスの代役では、舘が可哀そうという気持ちもあって、舘ひろしを中心にした「新しい刑事もの」を作ることにした。番組の題名も「刑事」と変えたし、舘の扮する刑事の名前も、山岡英介から伊庭英一に変え、警察署も七曲署から角筈署と変えた。伊庭英一の英一は亡くなった脚本家小川英の本名だった。伊庭の家族も設定し、その妻に秋吉久美子を迎えた。新人刑事の方も、この年、石原

新生七曲署捜査一係のメンバーたち。
写真向かって左より石橋蓮司、多岐川裕美、小西博之、舘ひろし、中村繁之、浜田学

我らが長さん（下川）。
その健在ぶりに、往年の『太陽にほえろ！』ファンは拍手喝采を送った

プロが行った「裕次郎を探せ！」という催しに便乗し、北原三枝賞を獲得した宮下裕治を抜擢した。そして、彼の役名を「北原裕」とした。もうお分かりのように、北原三枝の北原と裕次郎の裕をもらったものだ。

テーマは、「何故人を殺してはいけないのですか？」という、われわれ世代には考えられない現代若者の問題提起に関する解答とした。この作品を放送した直後、『文藝春秋』でもこのテーマを扱っていたので、この解答に苦慮したのは私だけではなかった。それにしても、恐ろしい世の中になってしまったものだ。戦後の民主主義がはきちがえられ、「何をやっても自由だ」と思ってしまったのだろうが、この社会は自分一人で生きているわけではない。他人との共存、他人への思いやりが如何に大切か、これをわれわれの作るような娯楽作品の中から教えていかなければならないと強く思った。

しかし、この作品も視聴率的には失敗してしまった。『金曜ロードショー』という枠は映画枠で、映画として公開されたものを放送することが原則になっている。従って、それぞれの番組は既に「題名」が知られているし、内容も、映画が公開されたときの宣伝で、ある程度視聴者に与えられている。しかし、「刑事」は、視聴者に、そのような前知識を与えることが出来なかった。これが敗因であるとわれわれは判断した。やはりこの枠では、事前の知名度が必要なのであろう。

二作続いて失敗すると、もう『太陽にほえろ！』というそのままの題名で勝負する以外で、われわれのシリーズを成功させる手立ては無いと思った。『太陽にほえろ！』というタイトルを使うことを嫌っていた私も、ここまで追い詰められると、もはやこのタイトルを使わざるを得なくなってしまった。丁度この年、21世紀に入り、世紀が変ったので、もうボスも許してくれると考え、舘を係長とした『太陽にほえろ！』を制作することにした。この年は、『太陽にほえろ！』を開始して、30年目を迎える年だった。

私もこの年、44年間のサラリーマン生活にピリオドを打ち、フリーのプロデューサーになった。65歳という年金のもらえる年齢になったので、これからは誰にも拘束されず、自由に制作活動を楽しもうと思ったのだ。そのため、この作品には力が入った。先ず、舘の役名を山岡英介に戻し、新人刑事には金子賢を起用、役名は松浦淳とした。淳は萩原健一の役名早見淳の淳をもらった。ストーリーも昔の第2話をヒントにした。「刑事という職業を持った者は、自分が思っているよりもっと大きな権力を持っている。それだけに、その行動は慎重でなければならない」という戒めをテーマにしたのだ。これは、権力者の横暴が非難されている今の世の中、もっとも重要なテーマであると思った。

これで、20世紀の『太陽にほえろ！』が、21世紀の『太陽にほえろ！』に生まれ変われると思ったものだ。更に、金子賢扮する松浦淳の命が危なくなる設定を作り、松田優作の恋人役だった内田伸子役の高橋惠子（当時は関根恵子）に出演を願い、「もう若い人が死ぬのはたくさん！」と言わせた。このセリフは、松田優作の死を悼んでくれた『太陽にほえろ！』のファンには絶対うけると確信していた。確かに、放送時の一分刻みの視聴率を調べると、シングルで始まった数字が、この時点で18％を超えている。この57分の平均をとっても14・6％を記録していた。このまま続けていれば、後半強くなる「刑事もの」なので、20％も夢でなかったと思う。

ところが世の中なかなか計算通りにはいかない。丁度この高橋惠子のセリフの直後に臨時ニュースのため番組はカットされ、報道番組に変わってしまった。その瞬間の私の気持ちは誰にも分からないと思う。この作品を作るのに、一年間の準備をして来たのだ。その努力が一瞬にして無駄になってしまった。一年間苦労して来たのは私ばかりではない。この番組に関係した何十人というスタッフの努力が水の泡と消えてしまったのだ。こんなスタッフ・キャストの気持ちを考えると、心の底から腹がたった。頭の中が真っ白になり、その後自宅に帰り着くまで何をどうしたか全く覚えていない。

この作品は、2カ月後、同じ『金曜ロードショー』の枠で、初めからもう一度第一次放送として放送された。「予告編をやったと思えばいいじゃない」と言って、みんなは私を慰めてくれたが、結局、視聴率は11・7%しか取れなかった。この作品が成功したら、もう一度、連続ドラマとして、組み立てようと思っていただけに、さすがの私も立ち直るのに数カ月がかかった。

まわりの人たちは、親切にも、「今回は特殊事情だったんだから仕方がないよ。もう一回挑戦したら」と言ってくれたが、私は、もう『太陽にほえろ!』にこだわるのは止めようと思った。いかなる事情があっても、昔の『太陽にほえろ!』なら、11・7%という低い数字は出なかった。やはり、この番組を作った私に力がなかったのだ。何回も書くが、『太陽にほえろ!』は小川英と梅浦洋一と私の三人で作ったものだ。小川英抜きでは、『太陽にほえろ!』は作れない。そのことを、強く肝に銘じて実感した。この視聴率では亡き小川英、石原裕次郎に対して誠に申し訳ない。そんな気持ちで一杯になった。

考えてみると、過去の栄光にすがって番組を作ろうという考え方自体が間違っていたのだ。私は何としてもドラマを作りたくて、そのために、もの作りとしての心を忘れて突っ走ってしまった。こんなことを続けていては、協力してくれる舘ほか大勢の仲間たちにも迷惑を掛けてしまう。視聴者の心を摑むことなどとうてい出来ない。このことに遅まきながら気がついた。

こうして、私はこの『太陽にほえろ！』シリーズを終わりにした。今後は、新しいアイディアを探し、本当に自分がやりたいものが見つかるまで、じっくりと充電していきたいと思っている。

いまも、そしてこれからも　太陽の季節

この本を書き上げてみると、いままであまりはっきりと意識していなかったが、私の作品群の中に、三つの大きな特徴があることに気づいた。

一つ目は、私の作品のテーマについてである。昭和40年、テレビ映画を作り始めてから、作品の色合いは「青春」「アクション」「遊び」と変って来ているが、テーマは一貫して「他人の立場を理解し、他人に対して優しさを持とう」ということを主張している。このことは、私にとって誇りに思うことだ。長いこと苦労を重ねてきたが、このテーマを貫けたことは本当に幸せだったと思う。そして、もし視聴者の方が、私のドラマを認めてくれたとしたら、それはこのテーマによるものであると思っている。

二つ目は、私の作品はみんな「ありそうで、なさそうで、あって欲しい」ものを探していたということだ。この「ありそうで、なさそう」という感覚はなかなか難しい。少しそこに境界線を引くとすると、その線上でドラマを作り上げなくてはならない。

でもその線をはずれると、視聴者に拒絶されてしまう。「ありそう」な方にずれると、陳腐といわれ、「なさそう」な方にずれると、嘘っぽいといわれてしまう。私の作品の内、この線上にあったと思われるものはヒットし、はずれたものはみんなコケている。もの作りにとっては恐ろしいことだ。

三つ目は、私がテレビドラマの新発明と自負しているものでも、何か先輩の成し遂げた仕事にヒントを受けているということに気がついたことだ。どんな発明もゼロから生まれるものは無く、必ず何かのヒントを得て生まれるものであるということを覚った。〝青春シリーズ〟は、石原慎太郎の小説から出発しているし、『太陽にほえろ！』は、『87分署』『ブリット』などのアメリカ映画の影響を受けている。『傷だらけの天使』にいたっては、かなりA・A・フェアの作品をヒントにしている。余程の天才で無い限り、無から有は生まれないのだから、何か新しいものを作りたいと思った時には、先人の成し遂げた仕事を学び、それを自分なりのアイディアで膨らましていくことが必要なのだと思う。

今回の私の「あるプロデューサーのテレビ青春日誌」は、これで終わる。しかし、私のプロデューサー生活はまだ終わったわけではない。少なくとも、私自身はそう思っている。この本を読みかえしてみて、そんな気持ちがまた強くなった。あと数年で米寿を迎える私にそのチャンスがあるかどうか分からないが、少なくともプロデューサーに定年はない。「若い日」は遠くなってしまったが、「青春」はいくつになっても感じられる。近い将来、再び作品を作りたいと思っている。そして、またこの本の続きを書きたいと願っている。

最後になってしまったが、この本を出版するにあたり、多くの人に協力してもらったことを感謝したい。

全ての人に心から「ありがとう」と言いたい。

そして、この本を買って下さった方々にも……

解説　ドラマは生きものです

鎌田敏夫

岡田さんは、青春の人です。
年齢は関係ありません。
青春ドラマを数多く作られているからでもありません。
なぜか？

岡田さんがテレビの仕事を始められたとき、テレビそのものも青春前期でした。アメリカ映画の日本語版を担当したときの苦心が、この本に書かれています。完成プリント一本送ってくるだけで、台本もくれなかった。当時のアメリカは日本のテレビなんかどうでもよかったのです。機材もなかった時代に、いいかげんな思いつきで危機をくぐり抜けたり、失敗したり成功したり、それこそ青春です。
日本のドラマのほとんどが、スタジオで作られた時代に、岡田さんは、テレビ映画に進出します。映画に陰りが見えていた時代ですが、映画人にはまだまだ誇りがあって、テレビ映画は見下されていた頃でした。岡田さんは、テレビ独自のドラマを作ることで、それを撥ねのけていきます。それが、青春ドラマであり、刑事ドラマでした。『青春とはなんだ』『これが青春だ』といった岡田さんが初期に作られていたドラマに、ぼくの師匠・井手俊郎氏も参加しておられた。「青春ドラマには水が必要だ」というのは、師匠の名言だったと、岡田さんが書いておられます。流れていく川、遠く果てしない海が、青春には欠かせないという意味です。

『飛び出せ!青春』が、岡田さんと組んだ最初の作品でした。単発ドラマを何本か書いただけの新人のぼくを、長いドラマ(その頃の連続ドラマは、半年、評判がよければ一年というのが定番でした)のメインライターにしたのは、勇気のいることだったと思います。

そのとき、岡田さんに言われたことがあります。「一〇〇人の人間が、あなたの脚本で一年間食っていくことになるのだから、それを心に刻んでおいてくれ」。スタッフ、キャスト、そのマネージャーも入れると、そのくらいの人間がドラマに参加しています。家族も含めると、もっと多いかもしれません。その後、何本も連続ドラマを作ることになるので、この言葉は心に残りつづけます。

プロデューサーには二つのタイプがあります。上に言われたことを、下に押しつけてくる人、下の苦労を上にぶっつけていく人。現場には現場の苦労がありますが、プロデューサーには現場には見えない苦労がある。岡田さんは、それをスタッフに見せる人ではありませんでした。

刑事ドラマを作っているときに、岡田さんは何度も警視庁に呼ばれたと、この本に書かれています。ドラマの中で実弾を使ってしまったこと。これは、ぼくの作品でした。ガラス越しに部屋に飛び込んでくる銃弾。迫力ある乾いた音。ぼくにも分かったくらいですから、警察の人間にはすぐに分かったのでしょう。警察に呼ばれたりしたら、その後は用心した作りになるはずですが、岡田さんには、そんなことはありませんでした。

山手線の乗客をライフルで狙う。そんな脚本を書いたことがあります。今でいう無差別テロです。普通のプロデューサーなら、脚本の段階で却下になったと思います。「真似をする人間が出てきたら番組が吹っ飛ぶ」と言いながら、岡田さんは、どうすれば実現するか考えてくれました。乗客をマネキンにして、衝撃を和らげたのです。面白いドラマを作ることで、岡田さんは揺るぎなかった。

ドラマが評判になると他局からも仕事の依頼がくるようになりました。青春ものをやっているかぎり賞から遠ざかると、岡田さんも本のなかで心配してくれています。それを吹き飛ばしたのが、面白いものを作ることを簡単にはあきらめない、岡田さんの青春の心でした。

『俺たちの旅』の企画会議で、大学生ものは当たらないと岡田さんに執拗に言ったことを憶えています。大学生には、高校生のフレッシュさはないし、大人の人生の深さもない。断るために言ったのではありません。やるという前提でマイナスなことを並べただけです。それが分かっていたから、岡田さんも生意気な若手の言うことを聞いてくれたのだと思います。当時、大学生は日本のドラマを見なかった。見るのは映画と、せいぜいアメリカのテレビ映画でした。見ないのなら見せてやろうと、岡田さんは大学生ものを企画したのだと、ぼくは思いました。

この本にも書かれていますが、何十年か後のトークショウで、「このドラマは女性蔑視ではないのか」という声が飛んだのを憶えています。心の底に澱んでいた女性蔑視が、つい表に出たのではありません。狙ってやったことです。下手な言い訳はなしに、若い男が当然持っているエゴイズムを全開にする。そのことで、人を傷つけ、自分も傷つく。その切なさを描こうと思いました。青春を、そんな視点で描いたドラマは初めてだったと思います。

岡田さんに感謝しているのは、斎藤光正監督に会わせてくれたことでした。男のエゴの持つ切なさを心に持っている人とではないと、このドラマは作れなかった。俳優の足先の動きに、後ろ姿に、理屈ではない切なさを監督が表現してくれたからこそ、心に残りつづけるドラマになったのです。

『俺たちの旅』は、作り手と視聴者の心に刻み込まれたドラマでした。一年間のドラマが終わってからも、『十年目』『二十年目』『三十年目』とスペシャルドラマを作って、それから何十年もの間、数えきれないほど再放送されてきました。

今、テレビ局は、すべて立派な高層ビルに入っています。立派なビルのなかには、レストラン街もコンビニもあり、立派な会議室もあって、局員は街に出なくてもすみます。コンプライアンスなんて言葉も、よく聞くようにもなりました。ドラマは生きものです。スタッフ全員が育て上げていく生きものです。管理する心、管理される心からは、面白いドラマは生まれません。

もう、説明はいらない。

岡田さんは、青春の人です。

年表——青春シリーズとその時代

「日本テレビの青春」ドラマ

60年	若き丘の上
62年	青い足音

社会・出来事

60年	1・19	新安保条約・日米地位協定調印
	10・12	社会党・浅沼委員長刺殺される
	12・23	皇太子に第一子皇子浩宮親王誕生
61年	4・12	ガガーリン少佐、ソ連宇宙飛行士第一号
	5・1	キューバ、カストロ首相が社会主義共和国を宣言
62年	2・20	アメリカが人工衛星打ち上げに成功
	8・12	堀江謙一、ヨットで太平洋単独横断に成功
	10・10	ファイティング原田、最年少世界フライ級チャンピオンに
63年	11・9	三井三池炭鉱でガス爆発四五八人死亡、八三九人負傷
	11・22	ケネディ大統領暗殺

流行・風俗

年	分野	内容
58年	テレビ	捜査メモ（日本テレビ）
59年	テレビ	ビーバーちゃん、世にも不思議な物語
60年	流行語	家つきカーつき婆あ抜き
	ブーム	だっこちゃん
	テレビ	幌馬車隊
61年	流行語	巨人・大鵬・卵焼き／わかっちゃいるけどやめられない
	テレビ	七人の刑事（KRテレビ［現・TBS］）
		アンタッチャブル（NET［現・テレビ朝日］系）
		お茶の間試写室（日本テレビ系）
62年	テレビ	アベック歌合戦（日本テレビ系）
		てなもんや三度笠（TBS系）
	映画	日本一の若大将
63年	歌	「高校三年生」舟木一夫
		「東京五輪音頭」三波春夫
	テレビ	底ぬけ脱線ゲーム、宇宙Gメン（日本テレビ系）

年	
64年	伸子、魔女の時間 風来坊先生
65年	チコといっしょに 青春とはなんだ
66年	青い山脈 新雪 何処へ これが青春だ 雨の中に消えて
67年	ある日わたしは でっかい青春 太陽野郎
68年	進め！青春 東京バイパス指令

年	月・日	
64年	10・10	東京オリンピック開幕 モノレール、東海道新幹線開通
65年	2・7	米軍がベトナム戦争で北爆を開始
	11・10	中国で文化大革命始まる
66年	6・25	「敬老の日」「体育の日」が制定される
	6・30	ビートルズが日本武道館で公演
67年	3・4	高見山が初の外国人関取に
	10・18	ツイッギー来日
68年	6・15	東大医学部学生が安田講堂を占拠、学園紛争始まる
	6・26	小笠原が返還される
	10・17	川端康成がノーベル文学賞受賞
	12・10	三億円強奪事件

年		
64年	テレビ	鉄腕アトム（フジテレビ系） ひょっこりひょうたん島（NHK） 忍者部隊月光（フジテレビ系）
65年	流行語	シェー
	ブーム	モンキーダンス／エレキブーム
	テレビ	ジャングル大帝（フジテレビ系） 素浪人月影兵庫（NET［現・テレビ朝日］系）
66年	歌	「骨まで愛して」城卓矢 「こまっちゃうナ」山本リンダ
	テレビ	笑点、快獣ブースカ、新・新三等重役（日本テレビ系） ウルトラマン 奥さまは魔女（TBS系） 氷点（NET）
67年	流行語	サユリスト／ボイン／ヒッピー・フーテン族・アングラ
	テレビ	桃太郎侍、剣（日本テレビ系） トッポ・ジージョ（TBS系） スパイ大作戦（フジテレビ系）
68年	歌	「帰ってきたヨッパライ」フォーク・クルセダーズ

69年	風の中を行く 炎の青春 セブンティーン
70年	わが青春のとき 坊ちゃん
71年	おれは男だ！ クラスメート さぼてんとマシュマロ

69年	7・21	アポロ8号が人類初の月面着陸
70年	2・11	日本初の人工衛星「おおすみ」打ち上げられる
	3・14	大阪で万国博覧会開幕
	3・31	よど号ハイジャック事件
	11・14	ウーマン・リブ旗揚げ
	11・25	三島由紀夫割腹自殺
71年	5・14	女性連続殺人犯・大久保清逮捕
	7・30	岩手県雫石上空で全日空機と自衛隊機が衝突
	8・15	ドルレート、変動相場制へ移行。ドルショック

69年	流行語	アッと驚く為五郎／ニャロメ／オー、モーレツ
	テレビ	コント55号の裏番組をぶっとばせ！（日本テレビ系） 水戸黄門（ＴＢＳ系）
70年	歌	「黒ネコのタンゴ」皆川おさむ 「走れコウタロー」ソルティー・シュガー
	流行語	鼻血ブー／しらけ／きまったぜセニョール
	テレビ	細うで繁盛記（日本テレビ系） 時間ですよ、大岡越前（ＴＢＳ系） ラブラブショー（フジテレビ系） 大江戸捜査網（東京12チャンネル［現・テレビ東京］）
71年	歌	「わたしの城下町」小柳ルミ子 「また逢う日まで」尾崎紀世彦
	流行語	右も左も真っ暗闇じゃあござんせんか／ピース
	映画	八月の濡れた砂
	ブーム	ホットパンツ／スマイルバッジ／１００円化粧品
	テレビ	天下御免（ＮＨＫ） スター誕生！（日本テレビ系）

72年 「飛び出せ！青春
小さな恋のものがたり
太陽にほえろ！

73年 ゲンコツの海
おこれ！男だ

74年 われら青春！
傷だらけの天使

72年
1・24 横井庄一さん、グアムで発見される
2・3 札幌冬季オリンピック開幕
2・19 浅間山荘事件
5・15 沖縄、日本に返還
11・5 上野動物園でパンダ初公開

73年
1・27 ベトナム和平協定調印
5・6 競馬ブーム。ハイセイコー十連勝
8・8 金大中事件
10・17 第一次オイルショック
11・1 プロ野球・巨人九連覇達成

74年
3・12 小野田少尉ルバング島から帰還
4・20 モナリザ、日本で初公開
8・8 ウォーターゲート事件でニクソン大統領辞任
10・8 佐藤元首相にノーベル平和賞

72年
歌 「結婚しようよ」吉田拓郎
「せんせい」森昌子
「女のみち」ぴんからトリオ
「喝采」ちあきなおみ
流行語 あっしにはかかわりのねえことでござんす
テレビ 必殺仕掛人
（NET［現・テレビ朝日］系）
仮面ライダー
（NET［現・テレビ朝日］系）

73年
歌 「神田川」かぐや姫
「てんとう虫のサンバ」
チェリッシュ
「くちなしの花」渡哲也
流行語 ちょっとだけよ／省エネ／
じっと我慢の子であった
テレビ 新八犬伝（NHK）
うわさのチャンネル!!
（日本テレビ系）

74年
歌 「母に捧げるバラード」海援隊
「あなた」小坂明子
「なごり雪」イルカ
「精霊流し」グレープ
テレビ 鳩子の海（NHK）

75年 俺たちの勲章
俺たちの旅

76年 俺たちの朝
大都会〜闘いの日々〜
いろはの〝い〟

75年 4・5 台湾の蔣介石死去
5・7 英エリザベス女王来日
5 百円ガスライター発売
10・15 プロ野球・広島カープ初優勝

76年 1・31 鹿児島で五つ子ちゃん誕生
2・4 ロッキード事件発覚
9・9 中国、毛沢東死去

75年 映画 『ジョーズ』
『タワーリング・インフェルノ』
歌 「シクラメンのかほり」布施明
「港のヨーコ・ヨコハマ・ヨコスカ」
ダウン・タウン・ブギウギ・バンド
「木綿のハンカチーフ」太田裕美
流行語 私作る人、僕食べる人／およよ／
アンタあの娘の何なのさ／
おじゃま虫／紅茶キノコ
テレビ カックラキン大放送!!
前略おふくろ様（日本テレビ系）

76年 本 『限りなく透明に近いブルー』
村上龍
歌 「およげ！ たいやきくん」
子門真人
「岸壁の母」二葉百合子
流行語 記憶にございません／灰色高官／
黒いピーナッツ
テレビ クイズダービー（TBS系）
クイズ・ドレミファドン！
（フジテレビ系）
徹子の部屋（NET系）
寺内貫太郎一家（TBS系）
アルプスの少女ハイジ
（フジテレビ系）

年	
77年	俺たちの祭 大都会PARTⅡ
78年	いのちの絶唱 青春ド真中！ 熱中時代 ゆうひが丘の総理大臣 姿三四郎
79年	あさひが丘の大統領 俺たちは天使だ！

77年	1・4	青酸カリ入りコカコーラで二人が死亡
	8・16	エルビス・プレスリー急死
	9・3	王貞治七五六号ホームランで世界記録達成
	9・5	王貞治国民栄誉賞第一号を受賞
	12・25	チャーリー・チャップリン死去
78年	2月	嫌煙権運動広がる
	3月	原宿に竹の子族出現
	4・4	キャンディーズのサヨナラ公演
	5・20	成田に新東京国際空港開港
	7・25	英で試験管ベビー誕生
79年	1・4	ダグラス・グルマン事件
	1・13	国立大の共通一次試験実施
	7・11	東名高速の日本坂トンネル大火災
	12・3	自動車電話が登場
	12・27	ソ連、アフガニスタンに侵攻

年	分野	
77年	映画	『宇宙戦艦ヤマト』 『幸福の黄色いハンカチ』 『ロッキー』
	歌	「津軽海峡・冬景色」石川さゆり 「渚のシンドバッド」ピンク・レディー 「勝手にしやがれ」沢田研二
	流行語	普通の女の子に戻りたい／ たたりじゃ〜／ よっしゃよっしゃ／ハナモゲラ／ 独身貴族
78年	流行語	な〜んちゃって／翔んでる〜／ キャリア・ウーマン／ フィーバー／落ちこぼれ
	テレビ	ザ・ベストテン（TBS系） 銀河鉄道999（フジテレビ系） 吉宗評判記　暴れん坊将軍 （テレビ朝日系）
79年	本	『四季・奈津子』五木寛之 『天中殺入門』和泉宗章
	映画	『復讐するは我にあり』 『あゝ野麦峠』
	歌	「魅せられて」ジュディ・オング 「YOUNG MAN」西城秀樹 「ガンダーラ」ゴダイゴ

年	
80年	愛のA・B・C・D 警視-K
81年	先生は一年生 俺はおまわり君

80年	4・25	大貫久男さん1億円拾う
	5・23	カンヌ国際映画祭で黒澤明監督の『影武者』がグランプリ獲得
	10・5	山口百恵さん芸能界を引退
	11・29	川崎市で金属バット両親殺害事件
	12・8	ジョン・レノンがファンに撃たれて死亡
81年	3・2	中国残留日本人孤児初来日
	3・20	ポートピア、神戸で開幕
	3・31	ピンク・レディーがさよならコンサート
	6・15	日本人留学生・佐川一政事件
	9・8	伊藤素子、オンラインシステムを利用した横領事件

年	分野	
	テレビ	マー姉ちゃん（NHK） ズームイン!!朝！（日本テレビ系） 噂の刑事トミーとマツ クイズ100人に聞きました （TBS系）
80年	歌	「ダンシング・オールナイト」 もんた&ブラザーズ 「異邦人」久保田早紀 「哀愁でいと」田原俊彦 「青い珊瑚礁」松田聖子
	テレビ	お笑いスター誕生！ （日本テレビ系） 笑ってる場合ですよ！ （フジテレビ系） トゥナイト（テレビ朝日系）
81年	本	『窓ぎわのトットちゃん』黒柳徹子 『なんとなくクリスタル』田中康夫
	歌	「ルビーの指環」寺尾聰 「ギンギラギンにさりげなく」 近藤真彦 「恋人よ」五輪真弓
	流行語	うそー・ほんとー・かわいいー／ ナウい／ハチの一刺し／ぶりっ子／ アラレちゃん語 （んちゃ、ほよよ～）／

82年 陽あたり良好！

83年 若草学園物語

82年

2・8 ホテル・ニュージャパン火災
2・9 日航機羽田沖に墜落、二四名死亡
3・19 フォークランド紛争勃発
6・23 東北新幹線開業
9・22 三越騒動、岡田茂社長解任される
11・15 上越新幹線開業

83年

4・15 東京ディズニーランド開園
6・13 ヨットスクールの戸塚宏逮捕
9・1 大韓航空機爆発炎上、乗員乗客二六九名が全員死亡
10・14 初の体外受精児誕生

82年

ルービック・キューブ

テレビ 幻之介世直し帖 今夜は最高！（日本テレビ系） オレたちひょうきん族（フジテレビ系）

映画 『E.T.』『鬼龍院花子の生涯』『蒲田行進曲』

歌 「待つわ」あみん 「シルエット・ロマンス」大橋純子

流行語 逆噴射／ネクラ・ネアカ／ほとんど病気

テレビ 淋しいのはお前だけじゃない（TBS系） 欽ちゃんのどこまでやるの！（テレビ朝日系） 松平右近事件帳（日本テレビ系）

83年

流行語 いいとも

ブーム カフェバー／愛人バンク／ファミコン発売／カメラ一体型ビデオ登場

テレビ おしん（NHK） 金曜日の妻たちへ（TBS系） 長七郎江戸日記（日本テレビ系） なるほど！ザ・ワールド（フジテレビ系）

84年	名門私立女子高校
85年	俺たちの旅・十年目の再会 忠臣蔵
86年	新・熱中時代宣言 セーラー服反逆同盟 あぶない刑事 白虎隊
87年	こんな学園みたことない! ジャングル

84年	1・26	ロス疑惑報道開始
	2・12	植村直己、マッキンリーの冬期単独登頂に成功。その後消息を絶つ
	5・10	グリコ森永事件
	10・31	インドのガンジー首相暗殺される
85年	3・10	青函トンネル貫通
	3・22	日本でエイズ感染者第1号判明
	6・6	「エホバの証人」輸血拒否で児童死亡
	8・12	日航ジャンボ機墜落、五二〇名が死亡
	9・11	ロス疑惑・三浦和義逮捕
	10・16	プロ野球阪神タイガース二一年ぶりに優勝
86年	1・28	スペースシャトル・チャレンジャー号爆発
	2月	マルコス政権崩壊からアキノ政権樹立へ
	4・26	チェルノブイリ原発事故
	11・15	三井物産の若王子さん誘拐事件
	11・22	三原山噴火
87年	2・9	NTT株高騰
	4・1	国鉄民営化、JRに
	5・10	帝銀事件の死刑囚平沢貞通死亡
	6・11	マドンナ来日

年	分野	内容
84年	映画	『風の谷のナウシカ』『お葬式』
	流行語	くれない族/エリマキトカゲ/ラッコ/いっきいっき
	テレビ	昨日、悲別で(日本テレビ系) オレゴンから愛(フジテレビ系)
85年	本	『スーパーマリオブラザーズ完全攻略本』
	映画	『ゴーストバスターズ』 『ターミネーター』
	歌	「雨の西麻布」とんねるず 「セーラー服を脱がさないで」 おニャン子クラブ
	テレビ	天才・たけしの元気が出るテレビ!!
86年	映画	『バック・トゥ・ザ・フューチャー』
	流行語	地上げ/究極/ぷっつん
	ブーム	激辛食品
	テレビ	ドラゴンボール(フジテレビ系) 朝まで生テレビ(テレビ朝日系) 特捜刑事マイアミ・バイス (テレビ東京系)
87年	本	『サラダ記念日』俵万智
	映画	『ハチ公物語』 『私をスキーに連れてって』 『トップガン』

90年　いけない女子高物語

9・9　マイケル・ジャクソン来日

88年

3・17　東京ドーム完成

4・10　瀬戸大橋開通

11・26　千代の富士五三連勝、国民栄誉賞を受賞

89年

1・7　昭和天皇崩御。元号は「平成」に

2・9　手塚治虫死去

3・30　女子高生コンクリート詰め殺人事件

4・1　消費税導入

6・4　天安門事件

7・4　NHKが衛星放送を本格的にスタート

7・23　女児誘拐殺人犯・宮崎勤逮捕

10・17　サンフランシスコ大地震

11・9　ベルリンの壁崩壊

90年

3・15　ソ連が一党独裁を放棄、

流行語　目が点…／マルサ／朝シャン／〇〇記念日

テレビ　ねるとん紅鯨団（フジテレビ系）

88年

本　『キッチン』吉本ばなな
『ノルウェイの森』村上春樹

映画　『となりのトトロ』
『ラストエンペラー』

歌　「人生いろいろ」島倉千代子
「乾杯」長渕剛

テレビ　クイズ世界はSHOW by ショーバイ!!（日本テレビ系）
チョモランマ（日本テレビ系）
世界陸上（日本テレビ系）
とんねるずのみなさんのおかげです（フジテレビ系）

89年

流行語　デューダする／セクハラ／トレンディー／オバタリアン／オヤジギャル／3K／ティラミス

テレビ　大忠臣蔵（テレビ東京系）

90年

本　『愛される理由』二谷友里恵

92年	教師夏休み物語

年	月・日	出来事
		初代大統領にゴルバチョフが就任
	6・29	礼宮様ご結婚
	7・6	校門圧死事件
	10・3	東西ドイツ統一
	11・12	即位の礼
	12・2	TBS秋山記者、日本人初の宇宙飛行
91年	1・17	湾岸戦争勃発
	5・14	信楽高原鉄道で上下線が正面衝突
	6・3	雲仙・普賢岳で火砕流発生
	6・17	南アフリカでアパルトヘイト体制終結宣言
		東京の市内局番が四桁に／新都庁が新宿に完成
		WOWOW、st.GIGA放送開始
92年	3・14	東海道新幹線「のぞみ」運転開始
	4・25	人気ロック歌手、尾崎豊急死
	6・15	PKO協力法が成立
	8・25	統一教会合同結婚式
	10・17	米ルイジアナ州で日本人留学生、服部剛丈君射殺される

年	分野	内容
	映画	『あげまん』『フィールド・オブ・ドリームス』
	流行語	ファジー／バブル／温暖化／アッシーくん／カラオケボックス
	テレビ	渡る世間は鬼ばかり（TBS系） ちびまる子ちゃん（フジテレビ系）
91年	映画	『無能の人』『羊たちの沈黙』
	歌	「SAY YES」チャゲ&飛鳥 「愛は勝つ」KAN
	流行語	バブル崩壊／バツイチ／カード地獄
92年	歌	「ガラガラヘビがやってくる」 とんねるず
	流行語	きんさん・ぎんさん／ほめ殺し／リストラ／牛歩
	テレビ	ひらり（NHK） ずっとあなたが好きだった（TBS系） 素顔のままで（フジテレビ系） クレヨンしんちゃん（テレビ朝日系）

95年	俺たちの旅・二十年目の選択
97年	七曲署捜査一係
98年	七曲署捜査一係'98
99年	七曲署捜査一係'99
01年	太陽にほえろ!2001

93年	
1・20	クリントン大統領就任
5・15	プロサッカー・Jリーグ開幕
6・9	皇太子殿下と小和田雅子さま結婚の儀
7・12	北海道南西沖地震
8・6	細川首相誕生

93年	
映画	『シコふんじゃった。』
本	『マディソン郡の橋』 『マーフィーの法則』
映画	『ジュラシック・パーク』 『アラジン』『逃亡者』
流行語	ブルセラ／イエローカード／ ヘアヌード
ブーム	Jリーグ
テレビ	エトロフ遥かなり（NHK） ウゴウゴルーガ（フジテレビ系）

この作品は二〇〇三年九月に日本テレビ放送網より刊行されたものを文庫化したものです。

出版プロデューサー　将口真明／飯田和弘　（日本テレビ）

ちくま文庫

青春ドラマ夢伝説
――「俺たちシリーズ」などとTVドラマの黄金時代

二〇二一年七月十日　第一刷発行

著　者　岡田晋吉（おかだ・ひろきち）

発行者　喜入冬子
発行所　株式会社　筑摩書房
東京都台東区蔵前二―五―三　〒一一一―八七五五
電話番号　〇三―五六八七―二六〇一（代表）
装幀者　安野光雅
印刷所　明和印刷株式会社
製本所　株式会社積信堂

ISBN978-4-480-43750-1　C0174